KB212830

날마다 공동체를 세워가는

구 역 예 배

21세기 구역공과 편찬위원회

좋은 책으로 하나님의 사람을 만들어가는 엘 맨

날마다 공동체를 세워가는

구역예배

초 판 인 쇄 - 2015년 12월 26일
초판발행일 - 2016년 1월 1일

지은이 - 21세기 구역공과 편찬위원회
펴낸이 - 채주희
펴낸곳 - 엘맨출판사
등록번호   제10-1562호(1985.10.29.)
등록된곳 서울시 마포구 신수동 448-6
전화 (02)323-4060,6401-7004
팩스 (02)323-6416
이메일 elman1985@hanmail.net
www.elman.kr

값 6,500원

머리말

이 시대에 자유주의, 세속주의, 종교다원주의 사상은 우리가 경계해야 할 대상입니다. 말씀의 본질이 흐려져 가는 이 시대에 말씀을 통하여 지역교회를 세워나가는 일은 우리에게 주어진 사명입니다.

소그룹 모임은 믿음의 형제자매들이 모여서, 첫째는 하나님께 예배를 드리며, 둘째는 말씀을 통하여 서로 세워주며, 셋째는 성도와 성도 간에 아름다운 교제를 나누며, 넷째는 배운 것을 삶 속에 적용하는 모임입니다.

우리는 소그룹 모임을 통하여 전도와 믿음의 성장과 성숙을 이루어 가야 합니다. 그리고 사도행전교회처럼 모이기를 더욱더 힘쓰며 하나님나라의 공동체를 견고하게 세워나가야 합니다.

금년에도 소그룹 모임을 통하여 지체들이 하나님의 말씀과 사랑을 풍성히 경험함으로 온 세상에 흘려보내기를 소망합니다. 그리고 성령님의 도우심을 통하여 믿음이 장성한 분량에까지 자라가며 주님의 성품을 닮아가는 은혜로운 한 해가 되었으면 합니다.

본 교재는 주제별로 다루었으며, 절기에 따라 정리하여 구성하였습니다. 주님의 고귀한 피로 값 주고 사신 교회마다 사탄의 세력을 짓밟는 권세를 가지고 음부의 권세가 감히 흔들지 못하는 건강한 교회로 세워져 갈 수 있기를 소망합니다.

2015. 1. 1

공과교재의 활용지침

본 공과교재는 설교를 요약 정리하여 각 교회에서 활용할 수 있도록 교재로 편집한 내용입니다. 여러 가지 미비하고 부족한 점이 있을지라도 널리 이해해 주시리라 믿습니다.

활 용 지 침

1. 찬송: 먼저는 다함께 찬송을 부릅니다.
2. 기도: 구역(목장, 셀, 순)의 식구 중에 한 사람이 기도를 인도하거나 아니면 리더가 합심기도를 인도합니다.
3. 말씀: 그날 주어진 본문 말씀을 함께 교독 혹은 합독으로 읽습니다.
4. 읽기: 구역리더가 공과내용을 요약 정리하여 설명을 하거나, 구역원들이 돌아가면서 공과내용을 함께 읽습니다. 그러나 미리 예습을 해오는 것이 진행에 도움이 됩니다.
5. 나눔: 나눔의 시간에는 서로 마음의 문을 열고 진솔하게 나눕니다.
   ① 구역원이 소외되지 않도록 돌아가면서 나누십시오.
   ② 부작용이 생기지 않도록 나눔을 강요하지 마십시오.
   ③ 새로 참석하신 분을 위해 사랑으로 배려해 주십시오.
   ④ 개인적인 비밀을 나누었을 때는 반드시 지켜주십시오.
6. 기도: 함께 공유할 기도제목을 나누고 전도할 대상자들을 위하여 합심으로 기도하는 시간을 가집니다.
7. 마침: 마지막 찬송을 부르고 주기도문으로 모임을 마칩니다.

❀풍성한 나눔을 통하여 서로를 더 깊이 알아가고 친숙해지며 건강한 공동체로 세워질 수 있기를 기도합시다.

차 례

1월

비전을 품은 신앙생활

- 새 일을 행하시는 여호와
- 함께 일어나 가자!
- 나눔의 공동체
- 영적 성숙을 이루라

제1과
새 일을 행하시는 여호와

성경: 이사야 43:14~21

찬송: 550장   310장

"보라 내가 새 일을 행하리니 이제 나타낼 것이라… • 이 백성은 내가 나를 위하여 지었나니 나를 찬송하게 하려 함이니라"(19,21절).

본문은 이사야 선지자를 통하여 이스라엘에게 소망의 메시지를 선포하고 있는 내용입니다. 출애굽하여 가나안에 정착한 이스라엘 백성들이 모세의 율법에 불순종하며 범죄하게 되었습니다. 그래서 선지자들을 통하여 돌아오라고 경고했지만 끝내 돌아오지를 않자 결국은 멸망을 당하고 바벨론의 포로로 잡혀가게 됩니다. 그럼에도 불구하고 하나님은 이스라엘에게 새 일을 행하시겠다는 소망의 메시지를 주십니다.

1. 하나님은 어둠의 세력으로부터 승리하게 하십니다.

하나님은 바벨론의 포로로 끌려간 이스라엘 백성들을 다시 이끌어내시는데 바사제국의 고레스 왕을 사용하십니다. 그래서 고레스를 통해서 바벨론 제국을 멸망시키고 이스라엘을 귀환하게 하십니다. 그 하나님은 어떤 하나님입니까? 이스라엘의 구속자요, 거룩하신 이요, 창조자요, 왕이라고 했습니다. 그 하나님께서 이스라엘 백성들을 출애굽할 때처럼 이끌어내신 것입니다. 이스라엘이 출애굽할 때 하나님께서 바다에 길을 내셨습니다. 큰 물 가운데 지름길을 내셨습

구역예배공과

니다. 애굽의 병거와 말과 군대의 용사들을 일시에 엎드러지게 하여 일어나지 못하게 하였습니다.

그것은 마치 꺼져가는 등불처럼 소멸시켜버린 것입니다. 그런데 하나님은 그 홍해의 엄청난 사건을 잊어버리라고 말씀하십니다. 과거의 영광에 집착하지 말라는 것입니다. 하나님이 앞으로 더 큰 역사, 즉 새 일을 행하시겠다는 것입니다. 우리의 역사관은 과거지향적이 아닌 미래 지향적이 되어야 합니다. 우리는 과거의 영광에 머물러 있는 것이 아니라 미래를 바라보고 미래를 꿈꾸며 미래지향적으로 나아가야 합니다. 하나님은 우리 인생의 어둠의 세력으로부터 승리하게 하십니다.

2. 하나님은 광야 길과 사막의 강을 내십니다.

하나님은 새 일을 행하시는데 어떻게 하시겠다고 말씀하십니까? 반드시 광야에 길을 내고 사막에 강을 내시겠다는 것입니다. 광야에 길을 내고 사막에 강을 낸다는 것은 결코 쉬운 일이 아닙니다. 그런데 하나님은 그렇게 만드시겠다는 강한 의지를 보여 주십니다. 불가능한 일을 가능하게 하시겠다는 것입니다. 중국에 있는 고비사막은 기차를 타고 시안에서 우루무치까지 꼬박 이틀을 달려야 횡단이 가능한 광대한 사막입니다. 버스가 다니는 길을 낸다는 것은 엄두가 나지 않는 일입니다. 그런데 하나님은 새 일을 행하시겠다는 것입니다.

새 일이란 바사 왕 고레스가 바벨론 제국을 멸망시키고 이스라엘을 포로에서 해방시키는 구원의 사건을 가리킵니다. 이것은 출애굽 사건보다도 더 크고 놀라운 사건입니다. 하나님께서 엄청난 일을 행하시겠다는 것입니다. 그렇습니다. 하나님은 불가능을 가능하게 하시는 분입니다. 아무리 인간에게는 불가능해 보이는 일도 하나님은 해내신다는 것입니다. 믿음은 도저히 불가능해 보이는 것을 믿는 것이 믿음입니다. 성경은 믿음은 '바라는 것들의 실상'이라고 말씀합니다. 우리는 상황과 환경을 바라보고 낙심하는 것이 아니라 확실한 믿음을 가지고 나아가야 합니다.

3. 하나님은 구원의 찬송을 부르게 하십니다.

21절에 말씀하고 있습니다. "이 백성은 내가 나를 위하여 지었나니 나를 찬송하게 하려 함이라." 하나님은 바벨론의 포로에서 바사 왕 고레스를 통하여 구원의 역사를 이루어주셨습니다. 그리고 광야에 길을 내주시고 사막에 강을 내주셨습니다. 다시 말씀드리면 하나님은 어둠의 세력으로부터 승리하게 해주시고 인생의 광야 길을 내주시고 사막의 강을 내주십니다. 그런 엄청난 역사를 경험한 백성들이 하나님을 찬송하지 않겠습니까?

하나님께서 인간을 창조하신 목적이 무엇입니까? 그것은 하나님을 찬송하기 위함이라고 하였습니다. 그래서 구원의 기쁨을 노래하는 것입니다. 에베소서에서 바울은 "이는 그가 사랑하는 자 안에서 우리에게 거저 주시는 바 그의 은혜의 영광을 찬송하게 하려 함이라"(1:6)고 하였습니다. 구원 받은 우리 성도가 해야 할 일은 무엇입니까? 그것은 구원의 기쁨과 감격을 가지고 하나님을 찬송하는 일입니다. 우리의 입술로 하나님을 찬송하고 구원의 기쁜 소식을 전파하는 것입니다. 구원 받은 우리 성도는 날마다 새 일을 행하시는 하나님께 감사와 영광을 돌려 드려야 합니다.

나눔의 시간

1. 오늘 본문 중에서 가장 인상적인 말씀은 무엇입니까?

2. 왜 그 말씀이 가장 인상적이라고 생각합니까?

3. 한 주간 동안 실천해야 될 말씀은 무엇입니까?

함께 공유할 기도제목

개인	
가정	
교회	
직장	

• • •

제2과

함께 일어나 가자!

성경: 아가서 2:8~14

찬송: 434장 354장

"내 사랑하는 자의 목소리로구나 그가 산에서 달리고 작은 산을 빨리 넘어오는구나
• 나의 사랑하는 자가 내게 말하여 이르기를 나의 사랑, 내 어여쁜 자야 일어나서
함께 가자 • 바위틈 낭떠러지 은밀한 곳에 있는 나의 비둘기야 내가 네 얼굴을 보게
하라"(8,10,14절).

아가서를 기록한 솔로몬은 정치가요, 시인이요, 문학가요, 철학자입니다. 솔
로몬이 쓴 잠언만 해도 삼천이나 됩니다. 아가서는 솔로몬이 젊은 시절에 기록
했고, 잠언서는 중년에 기록을 했으며, 전도서는 말년에 기록을 한 책입니다.
솔로몬이 기록한 아가서의 영어 제목은 "아가(song of songs)"입니다. "노래
중의 노래"라는 뜻입니다. 아가서는 마치 남녀 오페라 가수가 서로 화답하며
화음을 이루어 부르는 노래와도 같습니다. 그리고 감성적인 단어들을 풍부하게
사용하고 있습니다.

이런 감성적인 표현들은 우리의 딱딱한 마음을 녹이며, 또한 우리 마음의
정원을 아름답게 가꾸는 역할을 하기도 합니다. 아가서는 솔로몬과 술람미 여
인과의 사랑이야기입니다. 그것은 곧 교회와 그리스도와의 관계를 설명하고 있
습니다. 아가서에는 교회론이 들어있습니다. 사랑은 아름다운 것이며 가장 위

대한 것입니다. 사랑하면 놀라운 힘을 발휘하게 됩니다. 그렇다면 사랑은 어떤 힘을 발휘하게 될까요?

1. 사랑하면 장애물을 뛰어넘습니다.

"내 사랑하는 자의 목소리로구나 보라 그가 산에서 달리고 작은 산을 빨리 넘어 오는구나"(8절). 사랑하는 자의 목소리를 듣고 싶어서 달려가는 것입니다. 거대한 산도 뛰어넘어버립니다. 작은 산도 훌쩍 뛰어넘어버립니다. 여기서 '산'이나 '작은 산'은 앞길을 막고 있는 장애물들을 의미합니다. 그러나 사랑하면 어떤 장애물도 극복하게 됩니다. 사랑하면 어떤 갈등도 뛰어넘게 됩니다. 사랑하면 어떤 문제도 뛰어넘게 됩니다. 그러므로 우리는 사랑으로 문제와 갈등의 장애물들을 뛰어넘어야 합니다.

2. 사랑하면 보고 싶어집니다.

"내 사랑하는 자는 노루와도 같고 어린 사슴과도 같아서 우리 벽 뒤에 서서 창으로 들여다보며 창살 틈으로 엿보는구나"(9절). 사랑하면 보고 싶어지는 것입니다. 보고 싶지 않는 것은 사랑하지 않기 때문입니다. 사랑하면 그리워하게 되어 있습니다. 우리가 예수님을 사랑하면 주일날 예수님을 만나기 위해 장애물들을 뛰어넘어 달려 나오게 됩니다. 어떤 성도님은 멀리 떨어진 곳에서 버스와 전철을 몇 번이나 갈아타고 교회로 달려오십니다.

예수님을 사랑하면 거리가 문제되지 않습니다. 예수님을 사랑하면 친목계도 뛰어넘고, 동창회도 뛰어넘고, 산악회도 뛰어넘고, 결혼식도 뛰어넘습니다. 그리고 주님을 만나는 기쁨과 감격을 가지고 달려옵니다. 예수님을 사랑하면 그분을 위해 섬김과 헌신을 하고 싶어 합니다. 예수님을 사랑하면 그분을 위해서 시간을 드리고, 건강을 드리고, 물질을 드리고 싶어 합니다. 마치 값비싼 향유를 예수님의 머리에 부어드렸던 마리아처럼 그렇게 헌신을 합니다.

3. 사랑하면 함께 일어나 가게 됩니다.

"나의 사랑하는 자가 내게 말하여 이르기를 나의 사랑 나의 어여쁜 자야 일어나 함께 가자"(10절). 남녀의 사랑만으로는 결혼이 성립되지 않습니다. 결혼하기까지는 많은 어려움을 극복해 나가야만 합니다. 사랑하면 어떤 어려움이 있어도 뛰어넘게 됩니다. 사랑은 함께 가는 것입니다. 어려움이 있어도 함께 갑니다. 고난이 찾아와도 함께 갑니다. 인생의 밑바닥을 쳐도 함께 갑니다.

에녹은 300년 동안 하나님과 함께 동행하다 죽음을 보지 않고 하늘나라로 갔습니다. 이렇듯 사랑하면 함께 가는 것입니다. 사랑하면 목회자와 성도가 함께 갑니다. 함께 가는 교회가 좋은 교회입니다. 함께 가는 교회가 은혜로운 교회입니다. 우리는 모두 함께 일어나 가는 성도가 되어야 합니다.

나눔의 시간

1. 본문에서 가장 마음에 와 닿은 말씀은 무엇입니까?

2. 왜 그 말씀이 가장 마음에 와 닿는다고 생각합니까?

3. 한 주간 동안 실천해야 될 말씀은 무엇입니까?

함께 공유할 기도제목

개인	
가정	
교회	
직장	

• • •

제3과

나눔의 공동체

성경: 사도행전 2:42~47

찬송: 220장 308장

"그들이 사도들의 가르침을 받아 서로 교제하고 떡을 떼며 오로지 기도하기를 힘쓰니라 • 하나님을 찬미하며 또 온 백성에게 칭송을 받으니 주께서 구원 받는 사람을 날마다 더하게 하시니라"(42,47절).

초대 교회 당시 사도행전 공동체는 핍박과 박해 속에 있는 가난하고 어려운 시기였습니다. 그런 가운데서 위로가 되었던 것은 새롭게 형성된 교회 공동체가 있었기 때문입니다. 사도행전 교회는 성도들에게 희망이 되었으며 믿지 않는 자들에게도 희망이 되었습니다. 오순절에 탄생된 교회는 신약교회의 원형을 이루었습니다. 사도행전 교회는 예수를 믿고 세례를 받은 사람들이 모여서 아름다운 신앙공동체를 이루었던 것입니다. 그렇다면 사도행전 교회는 어떤 공동체입니까?

1. 신앙생활에 충실한 공동체입니다.

42절에 말씀하고 있습니다. "그들이 사도들의 가르침을 받아 서로 교제하며 떡을 떼며 오로지 기도하기를 힘쓰니라." 사도행전 교회 성도들은 사도들로부터 배웠습니다. 사도들이 경험했던 예수님에 대한 생생한 경험들을 가감 없이 전달했습니다. 그리고 성도들은 사도들의 생생한 가르침을 받고 오로지 기도하

구역예배공과

기를 힘썼습니다. 예수님께서 십자가에서 죽으시고 부활 승천하신 이후에 제자들이 오순절에 성령을 받고 권능을 받게 되었습니다. 그리고 베드로가 설교를 할 때 수많은 무리들이 회개하고 세례를 받는 놀라운 사건이 일어났습니다.

그렇게 회개하고 예수를 믿은 무리들을 사도들이 가르친 것입니다. 그때 사도들이 얼마나 신이 났겠습니까? 가르침을 받는 성도들도 진지하게 받아들였습니다. 사도행전 공동체는 말씀과 기도로 충만했던 공동체였습니다. 그것이 핍박과 박해 속에서도 복음을 전할 수 있는 원동력이 되었던 것입니다. 그래서 사도행전 교회는 경건생활에 힘쓰는 공동체였습니다.

2. 서로 사랑을 나누는 공동체입니다.

사도행전 교회는 사도들로 인해서 많은 기사와 표적들이 나타났습니다. 믿는 사람들이 함께 모여 물건을 서로 통용했습니다. 자기들의 재산과 소유를 팔아서 각 사람의 필요를 따라 나누어 주었습니다. 그것은 어떤 강압에 의해서 이루어진 사건이 아니라 성령의 감동을 통하여 은혜를 받은 성도들이 성령의 인도하심을 따라 자발적으로 이루어진 성령의 역사였습니다. 그렇게 사도행전 교회는 사랑을 나누는 공동체였습니다. 공산주의가 사도행전 공동체를 그대로 흉내를 냈지만 실패했던 이유는 성령의 역사를 통한 자발성을 간과했기 때문입니다.

그러나 사도행전 교회는 성령의 역사를 통한 자발적인 나눔이 일어났습니다. 특별히 구브로 출신 바나바는 자신의 부동산을 팔아서 그 값을 사도들의 발 앞에 가져다주고 각 사람의 필요를 따라 나누어 주도록 하는 아름다운 본을 보여주었습니다. 44절에 보면 "믿는 사람들끼리 서로 물건을 통용"했다고 하였습니다. 믿는 사람들 안에서 서로 나눔의 공동체를 이룬 것입니다. 그래서 이웃에게 칭송 받는 교회가 되었던 것입니다.

3. 서로 교제를 나누는 공동체입니다.

사도들의 가르침을 받은 성도들 가운데 교제가 활발하게 이루어졌는데 성도들 간에 마음이 하나가 되었으며 서로 사랑하고 베풀어주는 공동체가 되었습니다. 그리고 집에서 떡을 떼었습니다. 그들이 집에서 떡을 떼었다는 것은 가정교회에서 성찬식을 거행했다는 뜻입니다. 주님의 십자가의 죽으심과 고난을 기념하기 위해서 성찬식을 거행했던 것입니다. 그리고 순전한 마음으로 음식을 나누는 식탁공동체를 이루었습니다. 그리고 하나님을 찬양했으며 성령의 역사와 함께 은혜가 넘치는 공동체였습니다. 그 결과로 온 백성에게 칭송을 받게 된 것입니다.

그때 당시 로마 총독이었던 플리니우스가 비밀리에 모여 있는 지하교회를 은밀하게 조사해본 결과 지하교인들이 세상 법을 초월해서 살아가고 있는 것을 발견하게 되었습니다. 그리고 그 사실을 로마 황제 트라얀에게 보고했다고 합니다. 사도행전 교회는 온 백성들에게 칭송을 받았을 뿐만 아니라 전도와 선교의 문을 여는 결과를 낳게 되었습니다. 예수님은 "너희 빛이 모든 사람 앞에 비치게 하라"고 하셨습니다. 실천적인 삶을 살라는 것입니다. 그러므로 우리 그리스도인들은 세상에 거룩한 영향을 주며 세상을 변화시켜 나가는 사람이 되어야 합니다.

나눔의 시간

1. 본문에서 가장 인상적인 말씀은 무엇입니까?

_____

_____

_____

2. 왜 그 말씀이 가장 인상적이라고 생각합니까?

_____

_____

_____

3. 한 주간 동안 실천해야 될 말씀은 무엇입니까?

_____

_____

_____

함께 공유할 기도제목

개인	
가정	
교회	
직장	

● ● ●

제4과
영적 성숙을 이루라

성경: 에베소서 3:14~19

찬송: 436장 546장

"능히 모든 성도와 함께 지식에 넘치는 그리스도의 사랑을 알고 • 그 너비와 길이와 높이와 깊이가 어떠함을 깨달아 하나님의 모든 충만하신 것으로 너희에게 충만하게 하시기를 구하노라"(18~19절).

우리는 다음과 같은 두 가지가 있을 때 마음을 담아서 편지를 쓰게 됩니다. 첫째는 어떤 대상을 사랑할 때이며, 둘째는 어떤 것을 성취하고자 하는 목적이 있을 때입니다. 바울은 에베소교회를 향한 따뜻한 사랑과 목적을 가지고 편지를 씁니다. 바울은 구체적으로 어떤 기도제목을 가지고 기도합니까?

1. 속사람을 강건케 해야 합니다.

바울은 에베소교회 성도들의 속사람이 강건케 되기를 간곡히 기도를 드립니다. 사람은 겉 사람이 있고 속사람이 있습니다. 겉 사람은 타락한 인간의 본성을 의미합니다. 속사람은 하나님의 뜻을 따라 살려고 하는 도덕적 자아를 가리킵니다. 속사람은 하나님의 뜻대로 살려고 부단히 노력을 합니다. 그러나 겉 사람은 하나님의 뜻대로 사는 것을 방해합니다. 그래서 겉 사람과 속사람 간에 갈등이 생기는 것입니다.

구역예배공과

그래서 바울은 예수를 믿고 난 이후에 겉 사람과 속사람 간의 치열한 갈등을 대 하면서 탄식을 하게 됩니다. "오호라 나는 곤고한 사람이로다!" "이 사망의 몸에서 누가 나를 건져내랴!" 바울은 겉 사람과 속사람 간의 싸움에서 진정한 자신의 모습을 발견하며 한 원리를 발견하게 됩니다. "마음으로는 하나님의 법을 섬기고!" "육신으로는 죄의 법을 섬기노라!" 겉 사람과 속사람과의 싸움에서 승리할 수 있는 비결은 바로 성령의 능력입니다. 따라서 우리는 성령의 능력으로 속사람이 강건하게 되어야 합니다.

2. 사랑 가운데 굳게 서야 합니다.

바울은 에베소교회 성도들이 사랑 가운데서 굳게 서기를 위해 기도를 드리고 있습니다. 그리스도의 사랑 가운데서 뿌리가 박혀야 아름답게 성장합니다. 농부가 밭을 갈고 씨를 뿌릴 때는 가을에 열매를 거두는 소망 때문입니다. 목양도 마찬가지입니다. 성도들이 믿음으로 뿌리를 내리고 성숙한 신앙으로 성장하기를 기대하는 소망을 가지고 목양을 하는 것입니다. 우리의 신앙이 굳게 서기 위해서는 먼저 그리스도가 우리 안에 계셔야 합니다. 믿음이 심겨질 때 생명이 움 트고 뿌리를 내리면서 뿌리 깊은 영성으로 자라가는 것입니다.

경기도 여주의 한 폐교 운동장에 500년이 넘은 거대한 느티나무 한 그루가 서있습니다. 그렇게 거대한 나무가 500년 동안 모진 비바람과 태풍을 맞고도 버틸 수 있었던 것은 뿌리를 깊이 내리고 있었기 때문입니다. 뿌리 깊은 영성은 쉽게 흔들리거나 뽑혀나가지 않습니다. 이단의 유혹에도 쉽게 넘어가지 않습니다. 복 있는 사람은 중심이 흔들리지 않는 사람이며 행복한 사람입니다. 우리는 뿌리 깊은 영성으로 사랑 가운데서 굳게 서야 합니다.

3. 그리스도의 사랑을 경험해야 합니다.

영적 성숙이 이루어지기 위해서는 그리스도의 충만한 사랑을 알아야 합니다. 그리스도의 사랑을 '안다'는 것은 곧 '경험'(영: experience, 헬: $\gamma\iota\nu\acute{\omega}\sigma\kappa\omega$)을 의미합니다. 그리스도의 사랑은 넓고, 길고, 높고, 깊은 입체적인 사랑입니다. 그래서 그리스도의 무한하신 사랑을 측량하기가 어려운 것입니다.

그리스도의 사랑은 유대인과 이방인에게도 미치고 온 우주까지 미칩니다. 그리고 지금 우리가 그 사랑을 경험하고 있습니다. 우리가 그리스도의 사랑을 충만하게 경험할 때 성숙함을 이루어가게 됩니다. 그래서 바울은 에베소교회 성도들이 영적으로 그리스도의 장성한 분량이 충만한 데까지 이를 수 있도록 기도를 드리고 있습니다. 바울은 교회 전체가 성숙해지기를 원하고 있습니다. 따라서 그리스도의 사랑의 충만함을 경험할 때 영적 성숙이 이루어지게 될 것입니다.

나눔의 시간

1. 본문에서 가장 인상적인 말씀은 무엇입니까?

2. 왜 그 말씀이 가장 인상적이라고 생각합니까?

3. 한 주간 동안 실천해야 될 말씀은 무엇입니까?

함께 공유할 기도제목

개인	
가정	
교회	
직장	

2월

교회를 세우는 신앙생활

제5과

어떻게 구원을 받습니까?

성경: 로마서 10:9~10

찬송: 287장 288장

"네가 만일 네 입으로 예수를 주로 시인하며 또 하나님께서 그를 죽은 자 가운데서 살리신 것을 네 마음에 믿으면 구원을 받으리라 •사람이 마음으로 믿어 의에 이르고 입으로 시인하여 구원에 이르느니라"(9~10절).

구원이란 무엇일까요? 9원은 10원에서 1원을 뺀 숫자적인 것이 아닙니다. 구원은 죄로 인해 죽은 우리가 예수 그리스도를 믿음으로 다시 살아난 것을 의미합니다. 몇 년 전에 중국 쓰촨성에서 7.8의 강진이 강타를 해서 수많은 사람들이 사망했고 부상을 입은 가운데 구조대원들이 무너진 건물더미 속에서 필사적으로 구조를 하여 생명을 건진 사건이 있었습니다. 우리는 죽어가는 생명을 구조해 내야 합니다.

1. 인생은 내일을 장담할 수 없습니다.

우리는 내일 일을 장담할 수 없습니다. 어떤 사람이 이렇게 말합니다. "오늘이나 내일이나 장사를 해서 돈을 많이 벌어야지!" "그리고 떵떵 거리면서 살아야지!" 그러나 성경은 말씀하기를 "너희가 내일 일을 알지 못하는도다!" "너희 생명이 무엇이냐?" "너희는 잠깐 보이다가 없어지는 안개니라!" 사람이 계획을 세운다 할지라도 인간이 세운 계획은 수포로 돌아갈 수 있다는 것입니다. 왜냐

구역예배공과

하면 우리는 내일 일을 장담할 수 없기 때문입니다. 그리고 우리는 잠깐 보이다가 없어지는 안개와 같은 존재이기 때문입니다. 안개는 어떻습니까? 안개는 아침에 잠깐 보이다가 바람이 불고 햇볕이 쨍쨍 내리쬐면 금방 사라져버립니다. 우리 인생이 안개와 같다는 것입니다.

하나님의 사람 모세는 시편 90편에서 이렇게 고백하고 있습니다. 인간은 바람이 불면 날아가 버리는 티끌과 같은 존재라고 하였습니다. 그리고 하나님의 시간표는 천 년이 어제와 같다고 하였습니다. 우리 인생이 얼마나 허무한지 잠깐 잠을 자는 것 같고, 아침에 돋는 풀과 같다고 하였습니다. 풀은 아침에 잠깐 돋아 자라다가 저녁에는 시들어 말라버립니다. 또한 우리 인생은 마치 날아가는 것처럼 빨리 지나가며 순식간에 지나가버립니다. 그러므로 우리는 내일을 장담할 수 없으며 하나님의 주권 아래서 살아가는 것입니다. 인생을 값지게 사는 방법은 무엇입니까?

2. 예수님을 믿고 시인해야 합니다.

성경은 말씀하기를, "네가 만일 네 입으로 예수를 주로 시인하며"(9절)라고 말씀하고 있습니다. 입으로 예수를 주로 시인하면 구원을 받게 됩니다. 구원은 하늘에서 별을 따는 것처럼 어렵지 않습니다. 바다에서 진주를 캐는 것처럼 어렵지도 않습니다. 구원을 받는 것은 아주 쉬운 일입니다. 구원자 되시는 예수님을 마음에 믿고 입으로 시인하면 구원을 받습니다. 즉 구원은 인간의 노력으로 받는 것이 아니라 하나님의 은혜로 받는 것입니다.

3. 예수님의 부활을 믿어야 합니다.

예수님이 우리를 위해서 십자가에서 죽으시고 삼일 만에 다시 살아나신 것을 믿는 것입니다. 성경은 이렇게 말씀하고 있습니다. "…그를 죽은 자 가운데서 살리신 것을 네 마음에 믿으면 구원을 받으리라"(9절). 예수님이 다시 살아나신 것을 믿으면 생명이 다시 살아나는 신비한 역사가 일어납니다. 예수님께서 우리 죄를 짊어지시고 십자가에서 죽으셨습니다. 그리고 삼일 만에 다시 살아나셨습니다. 그 부활의 주님을 믿으면 신비한 사건이 일어나는데 주님을 믿는 순간 죽은 영혼이 다시 살아나는 것입니다. 이것이 생명의 역사입니다. 그러므로 우리가 예수 그리스도의 생명을 품고 살아갈 때 값진 인생이 될 것입니다.

나눔의 시간

1. 오늘 본문 중에서 가장 인상적인 말씀은 무엇입니까?

2. 왜 그 말씀이 가장 인상적이라고 생각합니까?

3. 한 주간 동안 실천해야 될 말씀은 무엇입니까?

함께 공유할 기도제목

개인	
가정	
교회	
직장	

제6과
세례란 무엇입니까?

성경: 로마서 6:1~5

찬송: 436장 438장

"무릇 그리스도 예수와 합하여 세례를 받은 우리는 그의 죽으심과 합하여 세례를 받음으로 그와 함께 장사되었나니 이는 아버지의 영광으로 말미암아 그리스도를 죽은 자 가운데서 살리심과 같이 우리로 또한 새 생명 가운데서 행하게 하려 함이라 • 만일 우리가 그의 죽으심과 같은 모양으로 연합한 자가 되었으면 또한 그의 부활과 같은 모양으로 연합한 자도 되리라"(3~5절). -중략-

세례란 무엇입니까? 세례는 영적인 중요한 의미들을 가지고 있습니다. 나의 옛사람이 죽고 새로운 사람으로 거듭나는 것을 의미합니다. 그 상징적인 의미로 물세례를 행합니다. 세례의 의미들을 살펴보면 다음과 같습니다.

1. 그리스도와 함께 죽는 것입니다.

우리가 세례를 받는 사건은 예수 그리스도와 함께 십자가에 못 박히는 사건입니다. 우리가 세례를 받은 순간 예수님과 함께 십자가에 못 박히는 것입니다. 거기서 나의 옛사람이 죽고 옛 자아가 죽는 것입니다. 나의 옛 자아를 죽일 수 있는 방법은 내가 그리스도와 함께 십자가에 못 박히는 것입니다. 그것이 십자가의 능력이요, 은혜입니다. 십자가는 우리의 근본적인 죄 문제를 해결해 줍니다. 예수를 믿는 사람은 이미 십자가에 못 박힌 사람입니다. 십자가에 못 박힌 사람은 이제 내가 사는 것이 아니라 오직 내 안에 그리스도께서 사시는 것입니다. 예수를 믿기 전에는 내 마음대로 살았지만 이제는 내 인생의 주인이 바뀐 것입니다. 그래서 주님이 내 인생의 주인이 되시고, 내 인생의 왕으로 좌정하셔서 다스려 주십니다. 예수 그리스도를 믿는 사람들은 이제 새로운 피조물이 되었습니다. 그리스도의 사람들은 이미 십자가에서 죽음을 경험한 사람들입니다.

2. 그리스도와 함께 새 생명을 얻는 것입니다.

우리가 세례를 받을 때 그리스도와 함께 십자가에서 죽고 그리스도와 함께 장사지낸 바 되었습니다. 그렇게 그리스도와 함께 장사를 지낸 이유는 우리에게 새 생명을 주시기 위한 것입니다. 세례는 우리에게 새 생명을 주는 의미로 행합니다. 그리고 세례는 공적으로 천국백성이 되는 것을 선포하는 시간입니다. 즉 공개적인 그리스도인이 되는 것입니다. 우리가 세례를 받을 때 물로 세례를 받습니다. 그 의미는 옛사람은 죽고 새 사람으로 다시 태어나는 것을 의미합니다.

우리가 한 번 죽으면 영원히 살게 됩니다. 그러나 우리가 죽지 않으면 육신이 죽고 영혼이 죽는 두 번의 죽음을 경험합니다. 그리고 영원한 죽음을 맛보게 됩니다. 그러나 한 번 죽으면 영원히 살게 됩니다. 누구든지 그리스도 안에 있으면 새로운 피조물이 되며 또한 신분이 바뀝니다. 마귀의 영역에 속한 사람이 하나님의 소속으로 바뀝니다. 마귀의 자녀가 하나님의 자녀로 바뀝니다. 신분과 소속이 바뀌는 것입니다. 그래서 새 생명을 얻게 된 새로운 피조물이 되는 것입니다.

3. 그리스도와 함께 연합하는 것입니다.

우리는 그리스도와 함께 연합한 자가 되었습니다. 그리스도와 함께 연합한 자가 되었으면 부활에도 연합한 자가 된 것입니다. 남녀가 결혼하면 부부가 되어 연합이 이루어지는 것처럼 세례는 주님과 연합이 이루어지는 사건입니다. 바울은 설명하기를 누구든지 그리스도와 합하기 위하여 세례를 받은 자는 그리스도로 옷 입었다고 하였습니다.

예수를 믿고 세례를 받으셨습니까? 그렇다면 그리스도로 옷 입은 사람입니다. 그리스도로 옷 입은 사람은 이 세상에서 가장 아름다운 옷을 입은 사람입니다. 이 세상에서 가장 아름다운 화장은 성령 충만한 화장입니다. 성령 충만은 가장 아름다운 피부 미용법입니다. 그리고 이 세상에서 가장 아름다운 옷은 예수 그리스도의 옷입니다. 이 옷은 낡아지지 않으며 아름답고 변하지 않는 옷입니다. 값으로 사지 않고 은혜로 입는 옷입니다.

그렇다면 그리스도와 연합된 우리는 어떻게 살아야 합니까? 첫째는 죄에 종노릇해서는 안 됩니다. 둘째는 우리 몸을 의의 도구로 드려야 합니다. 하나님을 위한 의의 도구로 드리는 것입니다. 그리고 거듭난 우리 그리스도인은 세상에 소금과 빛으로 살아야 합니다. 그리고 주님의 교회를 섬기며 이웃을 섬기는 자가 되어야 합니다.

나눔의 시간

1. 본문에서 가장 인상적인 말씀은 무엇입니까?

2. 왜 그 말씀이 가장 인상적이라고 생각합니까?

3. 한 주간 동안 실천해야 될 말씀은 무엇입니까?

함께 공유할 기도제목

개인	
가정	
교회	
직장	

•••

제7과

충성된 일꾼의 십계명

성경: 디모데전서 1:12~13

찬송: 320장 323장

"나를 능하게 하신 그리스도 예수 우리 주께 내가 감사함은 나를 충성되이 여겨 내게 직분을 맡기심이니 • 내가 전에는 비방자요 박해자요 폭행자였으나 도리어 긍휼을 입은 것은 내가 믿지 아니할 때에 알지 못하고 행하였음이라"(12~13절).

교회는 충성된 일꾼들을 통하여 세워집니다. 충성된 일꾼은 어떤 마음을 가지고 섬겨야 합니까? 무엇보다도 주님을 뜨겁게 사랑해야 합니다. 사랑하면 충성과 어떤 대가를 치러서라도 헌신을 하게 되어 있습니다. 그리고 충성된 일꾼은 교회를 세웁니다. 일꾼이 울면 주님이 웃으십니다. 일꾼들이 눈물을 흘린 양만큼 교회가 부흥하게 됩니다. 일꾼의 십계명은 다음과 같습니다.

① 매일 성경을 읽어야 합니다.

매일 성경을 읽는 것은 가장 기본입니다. 그리고 하나님의 말씀 앞에 순종하는 자세로 살아가는 것은 매우 중요합니다. 말씀 앞에 겸손히 순종하는 신앙이 아름다운 신앙입니다.

② 매일 주님 앞에 무릎을 꿇어야 합니다.

기도하는 일꾼이 되어야 합니다. 기도 없이 섬기면 원망과 불평이 생깁니다. 그러나 기도하는 일꾼은 성령 충만한 가운데 기쁨으로 섬기게 됩니다. 그래서 무릎을 꿇는 것이 필요합니다.

③ 52주일을 성실하게 성수해야 합니다.

온전한 주일성수를 하는 것입니다. 주일은 마치 시간의 십일조와 같습니다. 일주일 중의 하루를 온전히 주님을 위해 드리는 것입니다. 진정한 안식은 하나님을 예배할 때 이루어집니다. 우리가 주일을 지키면 주님이 우리의 믿음과 삶과 건강을 지켜주십니다.

④ 공적인 예배에 참석해야 합니다.

인간은 자기 절제와 통제가 잘 이루어지지 않습니다. 그래서 어느 정도의 제도적인 통제 장치가 필요합니다. 그래서 시간을 정해놓고 예배를 드리는 것입니다. 성경에 보면 예수님이나 다니엘, 바울도 규칙을 정해놓고 신앙생활을 했습니다. 규칙적인 공적 예배를 통해서 우리의 신앙이 성장해 갈 수 있습니다.

⑤ 온전한 십일조를 드려야 합니다.

일꾼은 온전한 십일조를 드리는 믿음이 있어야 합니다. 말라기 선지자는 복을 쌓을 곳이 없도록 붓지 아니하나 시험해보라고 하였습니다. 십일조를 드리는 사람은 이미 그 마음이 하나님을 향해 있습니다. 십일조를 드리는 믿음은 하나님의 주권을 인정하는 복된 믿음입니다.

⑥ 겸손하게 교회를 섬겨야 합니다.

일꾼은 교회가 부흥하고 성장하는데 한 알의 썩어진 밀알이 되어야 합니다. 그래서 겸손하게 섬겨야 합니다. 주장하는 자세가 아니라 신발을 벗는 종의 자세로 섬기는 것입니다.

⑦ 주님의 사명을 우선순위로 여겨야 합니다.

일꾼이 제일 먼저 구해야 할 우선순위가 있습니다. 그것은 하나님의 나라와 그의 의입니다. 하나님의 나라와 그의 의를 구할 때 하나님이 모든 것을 부족함 없이 채워주십니다.

⑧ 소금과 빛의 사명을 감당해야 합니다.

소금과 빛으로서 세상을 변화시키는 역할을 감당하는 것입니다. 말없이 스며 들어가서 맛을 내주고 어두운 곳을 구석구석 밝혀주는 것입니다.

⑨ 주님의 증인된 삶을 살아야 합니다.

일꾼은 언제 어디서나 복음을 전하는 증인이 되어야 합니다. 기복적인 신앙의 울타리, 내 문제라는 울타리를 뛰어넘어서 세계를 품고 나가야 합니다. 그리고 증인으로 살아가는 것입니다.

⑩ 담임목회자의 목회철학에 협력해야 합니다.

모든 일꾼은 담임 목회자와 호흡이 잘 맞아야 합니다. 그리고 성령 안에서 영적인 교감이 이루어져야 합니다. 그래야 창조적인 목회가 이루어질 수 있습니다. 그렇지 않으면 필요 이상의 에너지를 소모하게 됩니다. 한마음, 한뜻을 이루어나가는 교회는 복된 교회입니다.

한마디로 일꾼은 지역교회를 세워가는 사람입니다. 은사와 달란트를 가지고 질서 속에서 교회를 세워나가는 것입니다. 그럴 때 건강한 교회로 세워져가게 될 것입니다.

나눔의 시간

1. 본문에서 가장 인상적인 말씀은 무엇입니까?

2. 왜 그 말씀이 가장 인상적이라고 생각합니까?

3. 한 주간 동안 실천해야 될 말씀은 무엇입니까?

함께 공유할 기도제목

개인	
가정	
교회	
직장	

● ● ●

제8과

예수님의 핵심사역

성경: 마태복음 9:35~39

찬송: 135장 495장

"예수께서 모든 도시와 마을에 두루 다니사 그들의 회당에서 가르치시며 천국복음
을 전파하시며 모든 병과 모든 약한 것을 고치시니라 • 무리를 보시고 불쌍히 여기시
니 이는 그들이 목자 없이 양과 같이 고생하며 기진함이라"(35~36절).

우리는 성경을 통해 예수님의 인격과 삶과 그가 활동하셨던 모든 사역들
을 엿볼 수 있습니다. 예수님의 사역은 크게 세 가지로 요약할 수 있습니다.
그리고 예수님의 사역 속에는 이런 특징들이 들어 있습니다. 첫째, 예수님의
사역은 치우치지 않는 균형 감각이 있습니다. 둘째, 예수님의 사역에는 뜨거운
마음(Heart)이 들어 있습니다. 긍휼히 여기는 마음과 사랑하는 마음을 가지고
영혼들을 대하는 모습을 볼 수 있습니다. 셋째, 예수님의 사역은 사람을 세우는
사역입니다. 왜냐하면 사람을 세워야 교회가 세워지기 때문입니다. 그렇다면
예수님의 핵심사역의 세 가지는 무엇일까요?

1. 가르치는 사역입니다(Teaching Ministry).

예수님은 여러 지역을 돌아다니시면서 가르치는 사역을 하셨습니다(35절).
사람들이 많이 모여 있는 회당에서 혹은 산상에서 가르치셨습니다. 그런데 예
수님의 가르침은 땅에서 온 교훈이 아니라 하늘로부터 온 교훈이었습니다. 그

구역예배공과

분의 가르침은 신선한 충격과 도전을 가져다주는 가르침이었습니다. 생명을 가져다주는 가르침이었습니다. 권위 있는 가르침이었고 그 시대의 가치기준을 뒤엎는 가르침이었습니다.

그래서 그분의 가르침을 받은 사람들은 반응을 나타내기 시작했습니다. 듣는 이들의 영의 귀가 번쩍 뜨이며 생명이 꿈틀거리기 시작했습니다. 깊이 잠들었던 영혼들이 깨어나기 시작했습니다. 생기의 역사가 일어난 것입니다. 그러므로 교회 안에서 가르치는 사역은 매우 중요합니다. 교회 안에서 가르치는 사역이 활발하게 일어날 때 생명이 꿈틀거리게 됩니다. 그리고 생명이 자라가기 시작하며 영적 성숙을 이루어가게 되는 것입니다.

2. 전파하는 사역입니다(Preaching Ministry).

예수님은 모든 도시와 마을들을 두루 다니시면서 복음을 선포하셨습니다(35절). 예수님께서는 긍휼히 여기는 마음을 가지고 복음을 전파하셨습니다. 복음을 전파하는 사람의 마음속에는 불쌍히 여기는 마음이 있어야 합니다. 그리스도의 심장을 가지고 전해야 합니다. 선교사가 영혼을 불쌍히 여기는 마음이 없이는 선교를 할 수 없듯이 우리의 마음속에는 긍휼히 여기는 마음이 있어야 합니다. 첫째는, 지역복음화를 이루어가야 합니다. 둘째는, 민족복음화를 이루어가야 합니다. 셋째는, 세계복음화를 이루어가야 합니다. 예수님처럼 긍휼히 여기는 마음을 가지고 복음을 전해야 합니다. 한 생명이 전도되어 왔을 때 기뻐하고 감격하면서 축제가 이루어지는 교회가 되어야 합니다.

3. 치유하는 사역입니다(Healing Ministry).

예수님은 단순히 복음만 전하신 것이 아니라 그 복음 속에 능력이 나타났습니다(35절). 어떤 능력입니까? 질병이 치유되는 역사가 일어났습니다. 앉은뱅이가 일어났습니다. 귀머거리의 귀가 열렸습니다. 눈먼 소경이 눈을 뜨게 되었습니다. 나병이 치유되었습니다. 귀신이 쫓겨나갔습니다. 이 사건은 이천년 전에 있었던 사건만은 아닙니다. 지금 이 시대에도 이런 기적의 역사는 계속되고 있습니다.

지금도 주님은 우리의 질병을 치유해 주십니다. 우울증을 치유해 주십니다. 낮은 자존감을 치유해주십니다. 고통을 치유해 주십니다. 귀신을 쫓아내 주십니다. 그러므로 우리는 염려하거나 두려워하지 말아야 합니다. 성령님이 행하고 계십니다. 주님은 지금도 자신의 사역에 동참할 사역자를 찾고 계십니다. 가르치는 사역, 복음을 전파하는 사역, 치유하는 이 세 가지 사역에 동참할 사역자를 찾고 계십니다. 예수님의 이 귀한 사역에 여러분을 초대하고 계십니다.

나눔의 시간

1. 본문에서 가장 인상적인 말씀은 무엇입니까?

_____

_____

_____

2. 왜 그 말씀이 가장 인상적이라고 생각합니까?

_____

_____

_____

3. 한 주간 동안 실천해야 될 말씀은 무엇입니까?

_____

_____

_____

함께 공유할 기도제목

개인	
가정	
교회	
직장	

3월

십자가를 지는 신앙생활

구역예배공과

제9과

가나안 여인의 귀한 믿음

성경: 마태복음 15:21~28

찬송: 428장 542장

"이에 예수께서 대답하여 이르시되 여자여 네 믿음이 크도다 네 소원대로 되리라 하시니 그때로부터 그의 딸이 나으니라"(28절).

요즘 한국 교회의 위기는 기도가 사라지는 위기라고 말들을 합니다. 기도원도 텅텅 빈다고 합니다. 과거처럼 삼각산에서 밤새도록 부르짖던 기도의 영성이 사라진 지도 오래된 이야기입니다. 최근에는 사람들이 분위기 있고, 낭만이 있고, 편안한 장소를 찾습니다. 한국 교회 안에 기도의 불씨가 살아나고 기도운동이 회복되어야 합니다. 본문에는 주님께 간절히 간구하는 한 가나안 여인이 나옵니다. 그 여인은 어떤 믿음을 가지고 있었습니까?

1. 울부짖으며 긍휼을 구합니다.

예수님께서 두로와 시돈 지방으로 들어가셨습니다. 그 지역은 베니게 항구도시이며 우상숭배가 만연했던 곳입니다. 그런데 가나안 여자 하나가 나와서 예수님께 소리를 지릅니다. 여기서 '소리 지르다'는 말은 헬라어에 '크라조'인데, '울부짖다'는 뜻입니다. 그 여인이 가슴속에 맺혀있는 고통스런 문제를 가지고 주님께 울부짖은 것입니다. 그 문제는 자신이 해결 할 수 없는 문제였습니다. 이 세상에는 우리 인간이 해결할 수 없는 문제들이 많이 있습니다. 그래서 주님께 울부짖으며 도움을 구하는 것이 필요합니다. 가나안 여인은 예수님께 울부짖었습니다. "주님! 나를 불쌍히 여겨주십시오!" "내 딸이 흉악히 귀신들렸습니다!" 그 여인은 사랑하는 딸을 위해서라면 어떤 희생이나 대가도 지불하겠다는 각오를 가지고 있었습니다. 그래서 예수님을 향하여 울부짖었던 것입니다.

2. 냉정한 반응에도 구합니다.

가나안 여인이 간절하게 구하는데 예수님은 묵묵부답(默默不答)으로 일관하십니다. 제자들은 덩달아서 그 여자를 보내버리자고 말합니다. 제자들은 긍휼히 여기는 마음보다 귀찮은 마음이 앞섰던 것입니다. 그리고 이방인을 품는 전도자의 마음이 부족했습니다. 그런데 예수님마저도 한술 더 떠서 그 여인을 외면하시는 것입니다. "나는 이스라엘 집의 잃어버린 양 외에는 다른 데로 보내심을 받지 아니하였노라." 왜 예수님은 평소 때처럼 긍휼의 마음으로 대하지 않으시고 냉정하게 대하셨을까요? 그것은 그 여인의 믿음을 시험하기 위한 것이었습니다. 그리고 구원하고자 하는 중요한 목적을 가지고 계셨던 것입니다.

3. 끝까지 매달리며 구합니다.

예수님이 냉정하게 거절하시는데도 불구하고 가나안 여인은 예수님께 절을 하며 매달립니다. "주님, 저를 도와주십시오!" "주님의 도우심이 필요합니다!" 그 여인은 끈질기게 매달리며 끝까지 믿음으로 간구를 한 것입니다. 그렇게 간구를 드리는데도 예수님은 여전히 냉담한 반응을 보이십니다. "자녀의 떡을 취하여 개들에게 던짐이 마땅치 아니하니라." 그 여인은 예수님으로부터 개 취급을 당한 것입니다. 이 정도면 그 여인이 상처받고 떠날 만도 한데 그래도 매달립니다. "주여, 옳습니다!" "개들도 제 주인의 상에서 떨어지는 부스러기를 먹습니다!" 그 여인은 예수님을 믿는 절대적인 신앙을 가지고 있었습니다. 예수님은 겉으로는 냉정하게 말씀하셨어도 마음속으로는 만족해 하고 계셨습니다. 우리에게는 주님을 신뢰하는 절대적인 신앙이 필요합니다.

4. 마침내 간구의 응답을 받습니다.

예수님께서 왜 그토록 가나안 여인에게 냉대를 하셨을까요? 그 이유는 그 여인 안에 있는 믿음을 보셨기 때문입니다. 그리고 아무리 냉대를 해도 흔들리지 않을 것이라고 하는 확신을 가지고 계셨기 때문입니다. 그리고 그 여인의 믿음을 시험하신 것입니다. 그러면서 그 안에 있는 믿음을 최대한 극대화시켜 나간 것입니다. 예수님은 그 가나안 여인의 믿음을 보시고 가슴이 뭉클한 감동을 받으셨습니다.

그리고 이렇게 응답을 하십니다. "여자여, 네 믿음이 크도다!" "네 소원대로 되리라!" 그때로부터 그 여인의 딸이 낫는 기적이 일어나는 응답을 받게 된 것입니다. 여기서 "네 소원대로"라는 말은 "네가 원하는 만큼"이라는 뜻입니다. 네가 원하는 만큼 이루어진다는 것입니다. 그래서 그 여인은 딸에게 역사하는 흉악한 귀신도 떠나갔을 뿐만 아니라 자신의 영혼까지도 치유를 받는 역사가 일어난 것입니다. 이와 같이 부르짖으며 끝까지 간구하는 신앙은 은혜의 보상을 받게 됩니다.

나눔의 시간

1. 오늘 본문 중에서 가장 인상적인 말씀은 무엇입니까?

2. 왜 그 말씀이 가장 인상적이라고 생각합니까?

3. 한 주간 동안 실천해야 될 말씀은 무엇입니까?

함께 공유할 기도제목

개인	
가정	
교회	
직장	

● ● ●

제10과

가장 큰 계명

성경: 마태복음 22:34~40

찬송: 15장   218장

"선생님 율법 중에서 어느 계명이 크니이까 • 예수께서 이르시되 네 마음을 다하고 목숨을 다하고 뜻을 다하여 주 너의 하나님을 사랑하라 하셨으니 • 이것이 크고 첫째 되는 계명이요 • 둘째도 그와 같으니 네 이웃을 네 자신과 같이 사랑하라 하셨으니 • 이 두 계명이 온 율법과 선지자의 강령이니라"(36~40절).

예수님께서 사두개인들과 부활에 관한 논쟁에서 이기셨다는 소식을 들은 바리새인들이 한 곳에 모이게 되었습니다. 그리고 그 중에 한 율법사가 예수님을 시험하여 질문을 합니다. 율법사는 그때 당시에 율법을 해석하는 최고의 권위자였습니다. 그 질문은 율법 중에서 어느 계명이 가장 크냐는 질문이었습니다. 그래서 예수님께서 율법사의 질문에 대답을 해주십니다. 계명 중에서 가장 큰 계명은 무엇입니까? 그리고 우리는 어떻게 그 계명을 지켜야 합니까?

1. 주 너의 하나님을 사랑하라고 말씀하십니다.

예수님은 "주 너의 하나님을 사랑하라"고 말씀하십니다. 그 사랑은 외적인 사랑이나 형식적인 사랑이 아니라 마음으로부터 우러나오는 진정한 사랑을 의미합니다. 바리새인들은 외적으로 비쳐지는 것에 신경을 썼습니다. 그러나 예수님은 남에게 보여 주는 외적인 사랑을 말씀하신 것이 아니라 내적인 사랑을

구역예배공과

말씀하신 것입니다.

그렇다면 어떻게 내적인 사랑을 해야 합니까? 첫째는 마음(heart)을 다하여 사랑하라는 것입니다. 마음은 헬라어로 '카르디아'입니다. 이 카르디아는 인격의 좌소, 생명의 좌소를 의미합니다. 마음이라는 곳은 인격이 내재하고 생명이 내재하고 있는 곳입니다. 다시 말씀드리면 중심을 다해서 하나님을 사랑하라는 것입니다.

둘째는 목숨(soul)을 다하여 사랑하라는 것입니다. 여기서 목숨이라는 것은 영혼을 의미하며 생명을 의미합니다. 하나님을 사랑하되 목숨을 다해 사랑하라는 것입니다. 셋째는 뜻(mind)을 다하여 사랑하라는 것입니다. 여기서 '뜻'은 마음과 생각을 다하여 사랑하는 것입니다. 따라서 마음과 목숨과 뜻이라는 것은 전인격적인 것을 의미합니다. 하나님을 사랑하는데 마음과 목숨과 뜻을 다해 전인격적으로 사랑하라는 것입니다.

2. 네 이웃을 사랑하라고 말씀하십니다.

예수님은 "네 마음을 다하고 목숨을 다하고 뜻을 다하여 주 너의 하나님을 사랑하라 하셨으니 이것이 크고 첫째 되는 계명이요 둘째도 그와 같으니"라고 말씀하십니다. 둘째 계명도 첫째 계명과 같다는 것입니다. 첫째 계명과 둘째 계명이 같은 것으로 취급되고 있습니다. 이웃도 마찬가지로 마음과 목숨과 뜻을 다해 사랑하라는 것입니다. 따라서 이웃 사랑이 순서상으로는 둘째이지만 둘째 계명도 가장 큰 계명이라는 것입니다.

그렇다면 어떻게 이웃을 사랑해야 합니까? 예수님은 "네 이웃을 네 자신과 같이 사랑하라"고 말씀하십니다. 사람마다 다 자기 목숨은 사랑합니다. 자기 목숨은 사랑하지 말라고 해도 사랑하는 것처럼 이웃을 그렇게 사랑하라는 것입니다. 자기 목숨을 사랑하듯이 이웃을 사랑하면 가식이 아닌 진심으로 사랑하게 될 것입니다. 우리가 지체를 내 자신처럼 사랑한다면 상대방의 약점을 끌어안게 될 것입니다. 성경은 말씀하기를 하나님을 사랑한다고 고백하면서 형제를 미워하면 하나님을 사랑한다는 말이 거짓말이라고 하였습니다. 그 이유는 눈에 보이는 형제를 사랑하지 못하면서 어떻게 눈에 보이지 않는 하나님을 사랑할 수 있느냐는 것입니다.

따라서 하나님 사랑과 이웃 사랑은 항상 함께 있는 것입니다. 우리는 소외되고 어려운 이웃들을 돌아보아야 합니다. 이웃을 내 몸처럼 사랑해야 합니다. 어려움을 당한 이웃들에게 눈을 돌려서 그들의 고통에 동참해야 합니다. 그러면 그들이 큰 위로를 받을 뿐만 아니라 따뜻하고 훈훈한 사랑을 느끼게 될 것입니다. 우리는 하나님 사랑과 이웃 사랑을 전인격적으로 실천해야 합니다. 그것이 구약성경 전체의 기둥이요 핵심입니다.

나눔의 시간

1. 본문에서 가장 인상적인 말씀은 무엇입니까?

_____

_____

_____

2. 왜 그 말씀이 가장 인상적이라고 생각합니까?

_____

_____

_____

3. 한 주간 동안 실천해야 될 말씀은 무엇입니까?

_____

_____

_____

함께 공유할 기도제목

개인	
가정	
교회	
직장	

제11과

자유를 공포하라

성경: 레위기 25:8~12

찬송: 435장   286장

"너희는 오십 년째 해를 거룩하게 하여 그 땅에 있는 모든 주민을 위하여 자유를
공포하라 이 해는 너희에게 희년이니 너희는 각각 소유지로 돌아가며 각각 자기의
가족에게로 돌아갈지며 • 그 오십 년째 해는 너희의 희년이니 너희는 파종하지 말며
스스로 난 것을 거두지 말며 가꾸지 아니한 포도를 거두지 말라 • 이는 희년이니 너희
에게 거룩함이니라"(10~11절).

레위기서에 보면 희년에 관한 내용이 나옵니다. 안식년은 매 칠 년마다 돌아
옵니다. 안식년에는 땅도 쉬고, 사람도 쉬고, 하나님과의 관계도 회복하는 기간
입니다. 하나님은 안식년을 축복의 기간으로 주셨습니다. 그런데 희년은 안식
년이 일곱 번 반복되면 희년이 됩니다. 히브리어에 "쇼파르"는 "양의 뿔", "양의
뿔로 만든 나팔"을 의미합니다. 제사장은 안식년이 일곱 번 반복되는 50년째
되는 해에 숫양의 뿔로 만든 나팔을 불었습니다. 그리고 온 세상에 안식과 구원
의 해인 희년을 선포하였습니다. 희년은 어떤 제도입니까?

1. 잃은 기업이 회복되는 제도입니다.

50년째가 되면 그 해를 거룩하게 하고 그 땅에 모든 주민을 위하여 자유를
공포하라고 말씀하고 있습니다. 인간이 거룩하지 않으면 욕심 때문에 희년을

지킬 수 없습니다. 그래서 마음을 성결하게 하고 거룩하게 해야 합니다. 그리고 땅을 거룩하게 회복해야 합니다. 희년이 선포되고 나면 먼저는 땅을 회복할 수 있습니다. 그것은 재분배의 성격이 아니라 사회적인 안전장치 제도입니다. 50년째가 되면 자동적으로 계약 만료가 되어서 토지가 원주인에게로 원상복귀 됩니다. 따라서 이스라엘 사회는 토지소유의 거래는 없고 경작권 거래만 있습니다. 이렇게 이스라엘은 사회적인 안전망 장치가 되어 있었습니다. 설령 빚을 져서 땅이 팔렸다 할지라도 50년 후에는 반드시 되찾게 되는 제도입니다. 그래서 희년이 되면 잃은 기업이 다시 회복되었습니다.

2. 종들이 자유를 얻는 제도입니다.

만약에 형제가 팔려서 50년을 섬겼으면 그해에 종들을 놓아주어야만 했습니다. 그렇게 놓아주어야만 하는 이유는 과거에 이스라엘이 애굽에서 종으로 살았기 때문입니다. 과거에 애굽에서 종 되었던 때를 기억하고 50년째 되는 해에 풀어서 자유를 주라는 것입니다. 그래서 희년이 되면 종들이 자유를 얻게 되었습니다.

3. 땅이 안식을 누리는 제도입니다.

땅도 쉼이 필요합니다. 땅이 쉬지를 못하면 열매를 맺힐 생명력을 잃고 박토가 되어버립니다. 과일 나무도 한 해는 많이 맺히고 그 다음해는 해거리를 합니다. 그 이유는 한번 열매를 맺는 데는 많은 에너지가 필요하기 때문입니다. 요즘은 땅을 쉬지 않고 계속 혹사를 시킵니다. 화학 비료를 뿌려서 농사를 짓기 때문에 땅이 산성화됩니다. 그래서 안식년이 되면 땅도 쉬게 해주어야 합니다. 땅이 쉰다는 것은 종들도 쉰다는 뜻입니다. 희년이 되면 파종하지 말고 밭에서

난 것을 거두지도 말라고 하였습니다. 그래야 지나가는 나그네나, 짐승들도 먹을 수 있기 때문입니다. 따라서 희년제도는 하나님의 자비의 정신이 들어 있습니다.

4. 빚진 자들이 탕감을 받습니다.

면제를 해주는 것은 채무자로 하여금 빚의 속박에서 벗어나서 안식하게 하는 의미가 있습니다. 오늘날 우리 사회에는 빚에 시달리는 사람들이 너무나 많이 있습니다. 빚은 사람에게 고통을 주고 안식하지 못하게 만듭니다. 그런 사회는 건강하지 못한 사회입니다. 사회가 건강하지 못하면 빚이 많아지고 안식이 사라집니다. 우리는 하나님의 은혜를 경험한 사람들입니다. 하나님의 은혜를 입은 자로서 인간 상호관계 속에서 하나님의 은혜를 실천하는 삶을 살아야 합니다.

희년은 과도한 탐욕을 방지하는 시스템입니다. 그리고 그 사회를 굳건히 세우는 중요한 역할을 해주는 제도입니다. 한마디로 희년제도는 안식과 자유와 해방이 이루어지는 해입니다. 그리스도는 우리의 진정한 희년이 되십니다. 그리스도를 구주로 영접하고 살아가는 사람은 참된 안식과 자유와 해방이 이루어집니다.

나눔의 시간

1. 본문에서 가장 인상적인 말씀은 무엇입니까?

....

....

....

....

2. 왜 그 말씀이 가장 인상적이라고 생각합니까?

....

....

....

....

3. 한 주간 동안 실천해야 될 말씀은 무엇입니까?

....

....

....

....

함께 공유할 기도제목

개인	
가정	
교회	
직장	

○ ○ ○

제12과

참된 구원자 예수

성경: 요한복음 5:1~9

찬송: 262장 338장

"예수께서 이르시되 일어나 네 자리를 들고 걸어가라 하시니"(8절).

예수님께서 갈릴리 가나지역에서 물로 포도주를 만드는 첫 번째 기적을 행하시고, 같은 지역에서 왕의 신하의 아들을 고쳐주시는 두 번째 기적을 행하십니다. 그리고 예루살렘에 올라가셔서 삼십팔 년 된 병자를 고쳐주신 것이 세 번째 기적이었습니다. 그 동안은 예수님께서 갈릴리를 중심으로 기적을 행하셨는데 이번에는 예루살렘에서 행하신 것입니다. 그 사건은 곧 신적인 권능을 나타내 보이신 매우 중요한 사건이었습니다.

1. 베데스다 연못가의 병자들

예루살렘 양문(Sheep Gate) 곁에는 베데스다라 하는 못이 있었습니다. 그런데 거기에 행각 다섯이 있었는데 그 곳에는 각종 병에 걸린 사람들, 앞을 보지 못하는 사람들, 다리를 저는 사람들, 혈기 마른 사람들, 이런 많은 병자들이 누워 있었습니다. 한마디로 그 사람들은 내일의 희망이 없이 절망과 실의에 빠져 있던 사람들이었습니다. 그들에게 유일한 희망이 있었다면 베데스다 연못의 물이 움직일 때에 들어가서 낫는 것이었습니다. 가끔 천사가 연못에 내려와서 물을 움직일 때에 제일 먼저 못에 들어가는 사람은 어떤 병이든지 낫는다는

구역예배공과

전설을 믿고 있었습니다.

그러나 그것은 사실이 아니라 잘못된 전설을 믿고 있었던 것입니다. 사람이 절박한 상황에 놓여 있을 때 지푸라기라도 잡고 싶은 심정일 것입니다. 그래서 어떤 사람들은 복권을 사놓고 대박이 터지기를 기다리는 사람들도 있습니다. 심리적으로 보면 고통스런 현실을 도피하기 위한 도피처로 삼고 거짓 위안을 삼고 사는 것입니다. 그러나 우리의 소망은 오직 예수 그리스도에게 있음을 기억해야 합니다.

2. 선지자적 통찰력을 가지신 예수님

그런데 거기에 삼십팔 년 된 병자가 있었습니다. 거기에는 많은 병자들이 있었지만 예수님은 한 병자에게 초점을 두십니다. 그리고 선지자적인 통찰력을 가지고 꿰뚫어 보십니다. 예수님은 그 병자의 병세가 깊은 것을 알게 되었습니다. 예수님은 다음 세 가지의 직분을 가지고 오신 분입니다. 첫째는 왕의 직분을 가지고 오셨습니다. 하나님나라 통치권을 가지고 오신 만왕의 왕이십니다. 둘째는 제사장 직분을 가지고 오셨습니다. 죄와 허물로 죽은 인간을 살리시기 위하여 제사장으로서 제사 직분을 행하시기 위하여 오신 것입니다. 셋째는 선지자 직분을 가지고 오셨습니다. 예수님은 선지자이실 뿐만 아니라 신적 권능을 가지고 오신 메시아입니다.

삼십팔 년 된 병자는 오랫동안 고통의 세월을 보냈습니다. 평생 동안 그렇게 불치병을 가지고 살아야 한다는 자포자기의 마음을 가지고 있었을 것입니다. 그런데 예수님께서 그 병자의 병세 깊은 것을 꿰뚫어 보신 것입니다. 주님은 우리의 모든 것을 아시는 전지전능하신 메시아입니다.

3. 생명의 근원이 되시는 예수님

예수님께서 삼십팔 년 된 병자에게 물었습니다. "네가 낫고자 하느냐?" 예수님은 아주 간단명료한 질문을 하십니다. 그런데 이 병자는 자신의 생각 속에 갇혀서 살고 있는 사람이었습니다. "네! 주님 내가 낫고자 합니다!" 그렇게 대답하면 간단한 것입니다. 그런데 이 병자는 연못으로 내려가야만 낫는다는 생각에 매여 있었습니다. 우리는 주님께 기도를 드리면서도 우리가 정해놓은 방법대로 이루어져야 한다고 생각할 때가 있습니다. 우리의 해답을 엉뚱한데서 찾으려고 하는 것입니다. 그러나 문제에 대한 해답은 아주 가까이 있습니다. 이 병자는 병이 깊은 만큼 생각도 고착되어 있었습니다.

예수님의 문제 해결은 아주 간단합니다. "일어나라!"(Get up!) "네 자리를 들고 걸어가라!"(Pick up your mat and walk)는 것이었습니다. 그렇게 명령하실 때 병자가 즉시 회복이 되었습니다. 그리고 자신이 삼십팔 년 동안 누워있던 매트를 들고 걸어가게 되었습니다. 그 병자는 육체적인 질병을 치유받았을 뿐만 아니라 죄의 자리에서 일어나는 기적을 경험하게 되었습니다. 예수님께서 육체와 영혼에 생명을 불어넣으신 것입니다. 오늘 본문의 핵심은 "참된 구원자가 누구이며 생명의 근원이 누구냐"는 것입니다. 참된 구원자요, 생명의 근원은 예수 그리스도이십니다.

나눔의 시간

1. 본문에서 가장 인상적인 말씀은 무엇입니까?

....

....

....

....

2. 왜 그 말씀이 가장 인상적이라고 생각합니까?

....

....

....

....

3. 한 주간 동안 실천해야 될 말씀은 무엇입니까?

....

....

....

....

함께 공유할 기도제목

개인	
가정	
교회	
직장	

● ● ●

제13과

나귀를 타신 예수님

성경: 마가복음 11:1~10

찬송: 96장 140장

"앞에서 가고 뒤에서 따르는 자들이 소리지르되 호산나 찬송하리로다 주의 이름으로 오시는 이여 · 찬송하리로다 오는 우리 조상 다윗의 나라여 가장 높은 곳에서 호산나 하더라"(9~10절).

예수님께서 베뢰아 지역 전도를 마치고 소경 바디매오의 눈을 뜨게 하신 후에 예루살렘 근처에 도착하게 되었습니다. 그리고 이제 때가 되어 중대한 결심을 하시고 예루살렘으로 올라가십니다. 그렇다면 왜 예수님께서 예루살렘으로 올라가셨을까요? 그리고 예루살렘에서 자신을 공개적으로 드러내신 이유가 무엇일까요?

1. 예수님은 예루살렘으로 올라가십니다.

예수님께서 예루살렘으로 올라가신 중요한 이유가 있습니다. 첫째는 유대인의 명절인 유월절을 지키기 위해서였습니다. 둘째는 자신의 때가 되셨기 때문입니다. 셋째는 자신이 오신 목적을 이루시기 위함이었습니다. 예수님은 그동안 자신의 때를 기다리셨는데 이제 공개적으로 자신을 드러내시기 위해서 죽음을 각오하고 올라가신 것입니다. 예수님은 자신의 시간대를 정확하게 맞추시기 위하여 전도여행을 하시다가 급히 서둘러 올라가셨습니다. 그리고 감람산 근처에 이르렀을 때 제자 중 두 명에게 중요한 임무를 맡기십니다.

그렇다면 예수님께서 오신 진정한 목적이 무엇일까요? 예수님이 오신 목적은 섬김을 받기 위함이 아니라 섬기시려고 오셨습니다(막 10:45). 그리고 자기 목숨을 많은 사람의 대속물로 주시기 위해서 오셨습니다. 예수님은 그 시대의 가치 반란을 일으키기 위해서 오신 분입니다. 사람들은 살려고 발버둥을 칩니다. 그러나 예수님은 자신의 목숨을 버리시기 위해서 예루살렘으로 올라가신 것입니다.

2. 예수님은 나귀를 타고 올라가십니다.

예수님은 두 제자를 보내시면서 맞은편 마을로 가라고 말씀하셨습니다. 그곳에 가면 아직 아무도 타보지 않은 나귀 새끼가 매여 있을 것인데 그 나귀를 보면 풀어서 끌고 오라고 하셨습니다. 만약 누가 "왜 이렇게 하느냐"고 물으면 "주가 쓰시겠다"고 하라고 하셨습니다. 그러면 즉시로 주인이 나귀를 내어줄 것이라는 것입니다. 예수님은 나귀 주인과 미리 약속하신 것도 아닌데 앞으로 이루어질 상황에 대해서 제자들에게 선지자적 통찰력을 가지고 말씀해주신 것입니다.

예수님은 세상에 오실 때 세 가지 직분을 가지고 오셨습니다. 왕과 선지자와 제사장 직분입니다. 예수님은 백마를 타고 오시지 않고 아무도 타보지 않은 나귀 새끼를 타고 오셨습니다. 그것은 평화와 순결과 겸손을 의미합니다. 그리고 온유하심과 낮아지심과 가난을 의미합니다. 사람들은 준마 타기를 원합니다. 그러나 예수님은 가장 낮은 자리로 내려오신 것입니다. 이것이 예수님의 낮아짐의 영성이요 겸손의 영성입니다. 바울은 "높은데 마음을 두지 말고 도리어 낮은데 처하라"(롬 12:16)고 가르쳐 주고 있습니다.

3. 예수님을 맞이할 준비를 해야 합니다.

제자들이 나귀를 끌고 왔습니다. 그리고 자기들의 겉옷을 그 위에 얹고 예수님을 태워드렸습니다. 그때 수많은 군중들이 자기들의 겉옷과 들에서 벤 나뭇가지를 길에다 펼쳐 놓았습니다. 그것은 존경하는 자에게 자신의 모든 것을 바치면서 복종하겠다는 의미가 들어 있습니다. 왕 되신 주님께 충성을 맹세하며 모든 것을 바쳐 충성을 다하겠다는 것입니다. 그리고 백성들이 앞에서 가고 뒤에서 따르면서 "호산나 찬송하리로다!"를 외쳤습니다. 그 함성소리가 퍼져나갈 때 제자들은 흥분을 감추지 못했습니다. 종교지도자들은 긴장하고 군중들은 들떠 있었습니다.

이제 드디어 다윗의 가문을 통해서 태어난 메시아가 로마의 압제로부터 자신들을 해방시켜 주고 경제적인 문제를 해결해 주실 것이라는 기대에 부풀어 있었던 것입니다. 그래서 축제적인 분위기로 들떠 있었습니다. 그런데 예수님은 군중들이 열광하는 것처럼 정치적인 메시아로 오신 분이 아닙니다. 예수님은 죄로 인해서 영원한 죽음에 처한 인류를 구원하시기 위해서 오신 분입니다. 만왕의 왕이요 만주의 주로 오셨습니다. 죄인들을 구원하시기 위한 영원한 생명의 주로 오셨습니다. 우리는 그 예수님을 겸손한 마음으로 맞이해야 합니다.

나눔의 시간

1. 본문에서 가장 인상적인 말씀은 무엇입니까?

2. 왜 그 말씀이 가장 인상적이라고 생각합니까?

3. 한 주간 동안 실천해야 될 말씀은 무엇입니까?

함께 공유할 기도제목

개인	
가정	
교회	
직장	

4월

승리하는 신앙생활

제14과

그가 말씀하시던 대로

성경: 마태복음 28:1~10

찬송: 164장   171장

"안식일이 지나고 안식 후 첫날이 되려는 새벽에 막달라 마리아와 다른 마리아가
무덤을 보려고 갔더니 • 그가 여기 계시지 않고 그가 말씀하시던 대로 살아나셨느니
라 와서 그가 누우셨던 곳을 보라"(1, 6절).

안식일이 지나고 안식 후 첫날이 되었습니다. 날이 밝자 예수님을 사랑하던
여자들이 무덤을 보려고 달려갔습니다. 그런데 큰 지진이 일어난 것입니다. 그
러더니 주의 천사가 하늘로부터 내려와서 돌을 굴려내고 그 위에 앉아 있습니
다. 그 천사의 형상은 번개와 같고 옷은 눈과 같이 희었습니다. 그 광경을 목격
하던 보초병들이 무서워 떨면서 죽은 사람처럼 되었습니다. 그때 천사가 나타
나서 여자들에게 두려워하지 말라고 위로의 말을 전해 줍니다.

1. 예수님은 십자가에 못 박혀 죽으셨습니다.

천사가 여자들에게 증언을 합니다. "너희는 무서워 말라 십자가에 못 박히신
예수를 너희가 찾는 줄을 내가 아노라!" 예수님께서 십자가에 못 박혀 죽으셨다
는 것을 천사가 증거해 줍니다. 예수님은 죄와 허물로 인하여 영원한 죽음에
처한 우리 인간을 구원하시기 위하여 십자가에 못 박혀 죽으셨습니다. 예수님
은 말씀하시기를 "한 알의 밀이 땅에 떨어져 죽지 아니하면 한 알 그대로 있고

구역예배공과

죽으면 많은 열매를 맺는다"고 하셨습니다.

　예수님이 십자가에서 죽으심으로 많은 열매를 맺게 된 것입니다. 씨앗이 땅속에서 썩어져야 많은 열매를 맺는 원리와 같습니다. 한 알의 씨앗이 땅에 썩어져서 완전히 형체가 없어질 때 그 속에서 새싹이 돋아나고 줄기가 솟아나는 것입니다. 그런 것처럼 예수님은 한 알의 썩어진 씨앗처럼 십자가에서 죽으셨습니다. 그래서 많은 열매의 모체가 된 것입니다. 예수님은 인간을 구원하시기 위하여 십자가에서 죽으셨습니다.

2. 예수님은 죽은 자 가운데서 살아나셨습니다.

　천사가 여자들에게 증언합니다. "그가 여기 계시지 않고 그가 말씀하시던 대로 살아나셨느니라." "와서 그의 누우셨던 곳을 보라!" 그 소식을 들은 여인들은 흥분된 마음을 가지고 제자들에게 달려갔습니다. 그리고 두 가지를 전하게 됩니다. 첫째는 예수님이 살아나셨다는 것과, 둘째는 갈릴리에 가면 예수님을 만날 수 있다는 것입니다. 예수님은 무덤에 계시지 않습니다. 예수님의 부활은 우연한 사건도 아니요 거짓 증언자들의 말처럼 조작적인 사건도 아니라 그가 말씀하시던 대로 살아나신 것입니다.

　예수님은 자신이 살아계셨을 때 죽은 자 가운데서 살아나실 것을 누누이 말씀하셨습니다. 요나가 물고기 뱃속에 들어가 있는 사건을 통해서 말씀하셨고, 예수님이 십자가를 지지 못하도록 베드로가 만류하는 사건 속에서도 말씀하셨습니다. "십자가에 못 박게 할 것이나 제삼일에 살아나리라"(마20:19). 예수님은 몇 번이고 중요한 말씀을 하셨는데 제자들은 귀담아 듣지 않았을 뿐만 아니라 깨닫지 못했던 것입니다. 예수님은 사망권세를 깨뜨리시고 죽은 자 가운데서 살아나셨습니다.

3. 부활의 주님을 만나야 합니다.

여자들이 천사의 말을 듣고 무서움과 큰 기쁨을 가지고 제자들에게 알리기 위해서 달려갔습니다. 그때 부활하신 주님이 나타나셨습니다. 그리고 "평안하냐"고 인사를 하셨습니다. 그때 여자들이 예수님께 나아가 그 발을 붙잡고 경배를 드렸습니다. 예수님은 여자들에게 "무서워하지 말라!" "가서 내 형제들에게 갈릴리로 가라 하라 거기서 나를 보리라"고 말씀하셨습니다.

우리는 지금 여러 가지 우겨 쌈을 당하는 것과 같은 상황 속에 살고 있습니다. 남북 간에 극한 대치상황 속에 놓여 있으며, 청소년 자살률, 노인 자살률이 OECD 국가 중에 최고로 높다고 합니다. 학교 폭력문제, 동성애 법안문제, 그리고 교회들의 내적인 갈등도 있습니다. 우리는 주님의 평안이 절실히 요구되는 시대에 살고 있습니다. 그러나 고난 후에는 영광이 있습니다.

부활은 영광이요, 소망이요, 승리입니다. 부활은 우리 인류의 최대의 기쁨입니다. 우리는 사망권세를 깨뜨리시고 부활하신 주님을 믿고 확신 가운데 거해야 합니다. 그리고 부활의 기쁜 소식을 온 세상에 전해야 합니다. 온 인류가 부활의 주님을 만나야 합니다.

나눔의 시간

1. 오늘 본문 중에서 가장 인상적인 말씀은 무엇입니까?

....

....

....

....

2. 왜 그 말씀이 가장 인상적이라고 생각합니까?

....

....

....

....

3. 한 주간 동안 실천해야 될 말씀은 무엇입니까?

....

....

....

....

함께 공유할 기도제목

개인	
가정	
교회	
직장	

제15과

말씀의 능력

성경: 디모데후서 3:12~17

찬송: 201장   526장

"모든 성경은 하나님의 감동으로 된 것으로 교훈과 책망과 바르게 함과 의로 교육
하기에 유익하니 • 이는 하나님의 사람으로 온전하게 하며 모든 선한 일을 행할 능력
을 갖추게 하려 함이라"(16~17절).

하나님은 우리를 통해서 새로운 역사를 일으키기를 원하십니다. 말씀의
사람을 통하여 새로운 역사를 일으키십니다. 그래서 우리는 말씀 중심의 사람
이 되어야 합니다. 하나님의 말씀은 우리의 삶을 이끌어가는 큰 능력이 됩니다.
말씀은 구체적으로 어떤 능력을 가지고 있습니까?

1. 말씀은 확신 가운데 거하게 해줍니다.

초대교회 안에는 기독교를 대적하는 사람들이 있었습니다. 후메네오와 빌레
도같이 악성종양과 같은 말을 퍼뜨리는 사람들이 있었습니다. 얀네와 얌브레
같은 대적 자들도 있었습니다. 그래서 경건하게 살고자 하는 자에게 박해가
따르게 되었습니다. 그런 부정적인 상황 속에서도 바울은 배우고 확신한 가운
데 거하라고 가르쳐주고 있습니다. 디모데는 어려서부터 외조모 로이스와 어머
니 유니게로부터 신앙교육을 받고 자랐습니다. 장성해서는 바울로부터 신앙훈
련을 받았습니다.

구역예배공과

73

우리는 누군가로부터 영향을 받은 경험이 중요합니다. 그리고 배운 말씀에 대한 확신을 가지고 거해야 합니다. 우리는 어떤 환경 속에서도 흔들리지 않는 신앙을 가져야 합니다. 어떤 박해나 이단의 잘못된 이론에도 흔들리지 않는 믿음을 가지고 있어야 합니다. 지혜로운 사람처럼 말씀의 반석 위에 우리의 신앙을 굳게 세우는 것입니다. 하나님 말씀의 반석 위에 신앙을 굳게 세운 사람은 절대로 흔들리거나 무너지지 않습니다. 그러므로 우리는 말씀의 반석 위에 집을 건축한 사람처럼 흔들리지 않는 확신 가운데 거해야 합니다.

2. 말씀은 구원에 이르는 지혜를 줍니다.

구원에 이르는 지혜는 성경에서 흐르고 있는 가장 중요한 목적입니다. 성경은 어떤 책입니까? 윤리와 도덕에 관한 책입니까? 정치와 경제에 관한 책입니까? 문학에 관한 책입니까? 철학에 관한 책입니까? 성경이 기록된 주된 목적은 구원에 이르게 하는데 있습니다. 말씀은 궁극적으로 구원으로 인도를 해줍니다. 하나님의 말씀이 그 영혼에 들어가면 생기가 들어가서 그 영혼을 소생시켜 줍니다. 마치 에스겔이 본 환상의 골짜기에 마른 뼈들이 다시 살아나는 것처럼 생기의 역사가 일어나는 것입니다.

유대인들은 부모에 의해서 어린 유아기 시절부터 가정에서 신앙교육을 받습니다. 그리고 성장하면 제사장이나 레위인, 선지자, 가정교사, 랍비들에 의해서 신앙교육을 받습니다. 디모데도 어려서부터 가정으로부터 철저한 신앙교육을 받고 자랐습니다. 우리는 자녀에게 부지런히 말씀을 가르쳐야 합니다. 베드로는 갓난아기들같이 순전하고 신령한 젖인 하나님의 말씀을 사모하라고 가르쳐 주고 있습니다. 말씀은 구원에 이르는 지혜를 가져다 줍니다.

3. 말씀은 온전하게 준비를 시켜 줍니다.

모든 성경은 하나님의 감동으로 기록된 책입니다. 성경은 네 가지 기능을 가지고 있습니다. 교훈과 책망과 바르게 함과 의로 교육하기에 유익을 주는 책입니다. 성도가 죄를 짓고 성경을 읽으면 괴로움을 느끼게 됩니다. 왜냐하면 구구절절 책망의 말씀이 나오기 때문입니다. 그러나 성령 충만한 가운데 성경을 읽으면 감사와 찬양과 기쁨이 넘칩니다. 이렇게 성경은 다양한 기능을 가지고 있습니다.

그 네 가지의 기능을 통해서, 첫째는 사람을 온전하게 만들어 줍니다. 불완전한 사람을 완전하고 준비된 사람으로 만들어 줍니다. 둘째는 모든 선한 일을 행할 능력을 갖추게 해줍니다. 받기만 하던 사람이 베풀 줄 알게 되고 다른 사람들도 돌볼 줄 알게 됩니다. 전도와 봉사를 하고 헌신도 하게 됩니다. 이것이 말씀의 능력입니다.

우리가 성경을 배우는 이유가 무엇입니까? 그 이유는 하나님의 사람으로 온전하게 준비되어 선한 일을 할 수 있는 단계까지 나아갈 수 있기 위하여 성경을 배우는 것입니다. 그러므로 우리는 말씀을 배우고 확신한 일에 거해야 합니다. 그래서 온전한 사람으로 준비되어 주님의 선한 일을 행하는 그리스도인들이 되어야 합니다.

나눔의 시간

1. 본문에서 가장 인상적인 말씀은 무엇입니까?

....

....

....

....

2. 왜 그 말씀이 가장 인상적이라고 생각합니까?

....

....

....

3. 한 주간 동안 실천해야 될 말씀은 무엇입니까?

....

....

....

....

함께 공유할 기도제목

개인	
가정	
교회	
직장	

제16과

다비다가 살아나다

성경: 사도행전 9:36~43

찬송: 428장 436장

"베드로가 사람을 다 내보내고 무릎을 꿇고 기도하고 돌이켜 시체를 향하여 이르되 다비다야 일어나라 하니 그가 눈을 떠 베드로를 보고 일어나 앉는지라 • 베드로가 손을 내밀어 일으키고 성도들과 과부들을 불러 들여 그가 살아난 것을 보이니 • 온 욥바 사람이 알고 많은 사람이 주를 믿더라"(40~42절).

오늘 본문에는 생명을 살리는 사건이 나옵니다. 예수님의 제자 베드로가 팔 년 동안 중풍병으로 누워 있는 애니아를 고쳐 줍니다. 예수 그리스도의 이름으로 명령할 때에 애니아가 곧 일어납니다. 욥바에 다비다라는 여제자가 나옵니다. 다비다는 마음이 참 아름다운 여제자입니다. 베드로가 죽은 다비다를 살리는 생명의 통로가 됩니다.

1. 많은 선행과 구제를 행합니다.

다비다는 항구도시 욥바에 사는 여제자였습니다. 도르가는 다비다라고도 부릅니다. 다비다는 히브리식 이름이며 도르가는 헬라식 이름입니다. 아마도 다비다는 과부였을 것입니다. 그런데 다비다는 많은 재산을 가지고 있었으며 자신이 가지고 있는 재산을 이웃을 위해 아름답게 베푸는 삶을 살았습니다.

36절에, "선행과 구제하는 일이 심히 많더니"라고 기록하고 있습니다. 다비다는 평소에 어려운 사람들을 돕고 있었습니다. 그런데 다비다가 병들어 죽게 된 것입니다. 우리는 잘 살려고 하기 보다는 선을 행하며 살아야 합니다. 사람이 죽으면 공적이 남기 때문입니다. 다비다가 죽어 장례절차를 따라 그 시체를 씻어서 조용한 다락에 뉘어 놓았습니다. 그런데 베드로가 룻다에 있다는 소식을 듣고 사람을 급히 보내어 불렀습니다. 베드로가 도착했을 때 과부들이 다비다가 평소에 자기들에게 베풀었던 은덕을 칭찬하였습니다. 사람은 죽은 후에 진정한 평가가 나오는 것입니다. 다비다는 선행과 구제를 통하여 아름다운 삶을 산 여제자입니다.

2. 주님의 능력으로 다시 살아납니다.

40절에 말씀하고 있습니다. "베드로가 사람을 다 내보내고 무릎을 꿇고 기도하고 돌이켜 시체를 향하여 이르되 다비다야 일어나라 하니 그가 눈을 떠 베드로를 보고 일어나 앉는지라." 베드로는 다비다가 누워 있는 다락방에서 사람들을 다 내보내고 기도를 드렸습니다. 왜냐하면 기도 외에는 능력이 나갈 수가 없기 때문입니다. 그래서 베드로가 무릎을 꿇고 믿음의 기도를 드렸던 것입니다. 이것은 구약시대에 엘리사가 수넴 여자의 아들을 살릴 때의 모습과 같습니다. 엘리사는 방에 들어가서 문을 닫고 기도를 드렸습니다. 그것은 누구의 방해도 받지 않고 기도를 하기 위함이었습니다.

또 베드로가 죽은 다비다를 향해 기도하는 모습은 예수님께서 회당장 야이로의 딸을 살리는 모습과도 같습니다. 예수님께서 죽은 야이로의 딸을 향해서 명령하셨습니다. "소녀야 일어나라!" "달리다쿰!" 그렇게 명령했더니 죽은 야이로의 딸이 다시 살아났습니다. 베드로도 죽은 다비다를 향해 명령하였습니다. "다비다야 일어나라!" 그렇게 명령했더니 죽은 다비다가 눈을 뜨고 일어났습니다. 주님은 모든 생명을 주관하시는 분입니다.

3. 많은 사람들이 예수를 믿게 됩니다.

베드로가 기도를 드린 후에 시체를 향하여 명령하였습니다. "다비다야 일어나라!" 그렇게 선포할 때 죽은 다비다가 살아났습니다. 그때 베드로가 손을 잡고 일으켰습니다. 그리고 성도들과 과부들을 불러들여 다비다가 살아난 것을 확인시켜주었습니다. 그것은 거짓으로 꾸민 사건이 아니라 실제적인 사건이었습니다. 거기에 있던 사람들이 직접 눈으로 목격을 한 것입니다. 이처럼 믿음의 기도는 기적의 역사를 일으키는 것입니다.

야고보는 병든 자가 있을 때는 교회 지도자를 초청하여 기도하라고 하였습니다. 그리고 믿음의 기도는 병든 자를 구원하며 의인의 간구는 역사하는 힘이 크다고 하였습니다. 믿음의 기도는 병든 자를 일으키며 죽은 자도 살리는 힘을 가지고 있습니다. 우리가 기도할 때 영적으로 죽은 자들이 살아날 것입니다. 우리가 기도할 때 이웃과 모든 민족이 살아날 것입니다. 다비다가 살아나는 사건을 통해서 많은 사람들이 예수를 믿게 되었습니다. 생명의 역사가 일어난 것입니다. 우리는 생명을 살리는 도구가 되어야 합니다.

나눔의 시간

1. 본문에서 가장 인상적인 말씀은 무엇입니까?

_____

_____

_____

_____

2. 왜 그 말씀이 가장 인상적이라고 생각합니까?

_____

_____

_____

_____

3. 한 주간 동안 실천해야 될 말씀은 무엇입니까?

_____

_____

_____

_____

함께 공유할 기도제목

개인	
가정	
교회	
직장	

• • •

제17과

물 위를 걸으신 예수님

성경: 마태복음 14:22~33

찬송: 302장 371장

"밤 사경에 예수께서 바다 위로 걸어서 제자들에게 오시니 • 제자들이 그가 바다 위로 걸어오심을 보고 놀라 유령이라 하며 무서워하여 소리 지르거늘 • 예수께서 즉시 이르시되 안심하라 나니 두려워하지 말라"(25~27절).

성경에는 우리 인간의 이성을 뛰어넘고 상식을 뛰어넘는 엄청난 역사들이 기록되어 있습니다. 말씀으로 천지만물을 창조하신 기적과 출애굽한 이스라엘이 홍해를 건넌 사건 등 수많은 기적들이 기록되어 있습니다. 예수님은 귀신을 쫓아내시고, 앉은뱅이를 일으키시고, 맹인의 눈을 뜨게 하시고, 죽은 자를 살리시는 기적을 행하셨습니다. 그리고 오병이어의 기적을 베푸셨습니다. 어떤 의미에서 성경은 기적의 책입니다.

1. 영적인 위기관리를 하십니다.

오병이어의 기적을 베푸신 후에 예수님은 참 특이한 행동을 취하십니다. 제자들을 재촉하여 배를 타고 즉시로 건너가게 하신 것입니다. 여기서 '재촉했다'는 의미는 '강제로 가게 했다'는 뜻입니다. 제자들이 가지 않으려고 한 것을 억지로 가게 한 것입니다. 그렇다면 왜 예수님께서 가기 싫어하는 제자들을 억지로 가게 하셨을까요? 거기에는 몇 가지 이유가 있습니다. 첫째는, 예수님께서 혼자 남으셔서 조용히 기도하시기 위해서였습니다. 예수님은 사역 전에도 기도를 하셨지만, 사역 후에도 기도를 하셨습니다. 사역 후에 아버지와 독대하는 시간을 가진 것입니다. 둘째는, 유월절이 다가올 때에 무리들이 예수님을 왕으로 삼으려고 했기 때문입니다. 오병이어의 기적의 사건 이후에 예수님의 인기는 폭발적이었습니다. 그래서 제자들을 먼저 보내시고 자신은 조용히 산으로 피신해 버리신 것입니다. 인기라는 것은 한순간입니다. 인기가 사라지면 우울증이 생기고 자살을 하기도 합니다. 그래서 우리는 기도를 통해서 아버지와의 관계를 돈독히 하는 영적인 위기관리를 잘해야 합니다.

2. 인생의 폭풍을 만나게 하십니다.

예수님은 무리들의 인기에 연연하지 않으시고 조용한 곳으로 피신을 하셨는데 해가 저물고 캄캄한 밤이 되었습니다. 제자들이 탄 배는 이미 약 5km정도를 간 상태였습니다. 그런데 제자들이 갑자기 불어 닥친 풍랑으로 인해서 고난을 당하고 있었습니다. 돌풍은 헐몬산에서 내려오는 찬 공기와 갈릴리 바다의 따뜻한 공기가 만날 때 거대한 돌풍을 만들게 되는 것입니다. 그래서 제자들이 앞으로 나아가고자 했지만 앞으로 나아갈 수 없었던 것입니다.

우리가 인생을 살다보면 예기치 않은 인생의 폭풍을 만날 때가 있습니다. 어느 날 갑자기 질병이 찾아옵니다. 갑자기 사업이 부도가 납니다. 갑자기 부동산 시세가 뚝! 떨어집니다. 갑자기 인생의 위기가 찾아옵니다. 예고 없이 인생의 돌풍이 부는 것입니다. 그럴 때 인간이 속수무책일 때가 있습니다. 그러면 인생의 한 가운데서 만난 돌풍을 우리가 어떻게 막아낼 수 있을까요? 인간의 노력으로 막아낼 수 있는 것도 있지만 막아낼 수 없는 것들이 더 많습니다.

그때 우리가 대처할 수 있는 유일한 방법은 주님을 의지하는 방법밖에는 없습니다.

3. 예수님은 하나님의 아들이십니다.

제자들이 갈릴리 바다 위에서 풍랑으로 인하여 고난당하고 있을 때 밤 사경이 되었습니다. 밤 사경은 새벽 3시부터 6시 사이를 가리킵니다. 그런데 예수님께서 물 위로 걸어오신 것입니다. 그때 제자들은 유령인 줄 알고 깜짝 놀랐습니다. 그때 두려워 떨고 있는 제자들을 향해 예수님께서 용기를 주십니다. "안심하라!" "내니 두려워하지 말라!" 주님은 우리에게도 동일하게 말씀하십니다. "담대하라!" "두려워하지 말라!" 아무리 세상이 요동을 친다 할지라도 우리는 두려워할 필요 없습니다. 왜냐하면 주님이 함께하시기 때문입니다. 베드로가 예수님의 말씀에 순종하여 바다 위를 걸었습니다. 그런데 바람을 보고 무서워할 때 점점 빠져 들어가고 말았던 것입니다.

말세를 살아가는 우리 성도에게 필요한 것은 믿음입니다. 그리고 우리가 세상에서 위기를 당할 때 주님께 구원을 요청할 수 있습니다. 믿음이 세상을 이깁니다. 예수님의 다스림으로 인해 갈릴리 바다가 조용해졌습니다. 물 속에 빠졌던 베드로도 구원을 받았습니다. 그때 배 안에 타고 있던 제자들이 이렇게 예수님을 경배합니다. "주님은 진실로 하나님의 아들이십니다!" 예수님은 죄인들을 구원하시기 위해 오신 온 인류의 구원자이십니다.

나눔의 시간

1. 오늘 본문 중에서 가장 인상적인 말씀은 무엇입니까?

....

....

....

....

2. 왜 그 말씀이 가장 인상적이라고 생각합니까?

....

....

....

....

3. 한 주간 동안 실천해야 될 말씀은 무엇입니까?

....

....

....

....

함께 공유할 기도제목

개인	
가정	
교회	
직장	

5월

가정을 세우는 신앙생활

제18과

충성된 차세대를 세우라

성경: 디모데후서 2:1~2

찬송: 360장 352장

"내 아들아 그러므로 너는 그리스도 예수 안에 있는 은혜 가운데서 강하고・또 네가 많은 증인 앞에서 내게 들은 바를 충성된 사람들에게 부탁하라 그들이 또 다른 사람들을 가르칠 수 있으리라"(1~2절).

교회 안에 새 일을 행하기 위해서는 차세대를 잘 세워야 합니다. 차세대는 미래의 꿈과 희망입니다. 차세대를 놓치지 않고 잘 세워나가는 것은 매우 중요한 과제 중에 하나입니다. 바울은 디모데에게 차세대를 세워가는 것이 얼마나 중요한가를 가르쳐주고 있습니다. 주님은 바울을 차세대를 세우는 멘토(Mentor)로 위탁해 주셨습니다. 바울은 또 충성된 디모데를 세웁니다. 우리가 어떻게 충성된 차세대를 세워나가야 할까요?

1. 강하게 세워나가야 합니다.

바울은 디모데에게 편지를 쓰고 있습니다. "내 아들아 그러므로 너는 그리스도 예수 안에 있는 은혜 가운데서 강하라"고 하였습니다. 바울은 디모데를 부를 때 마치 아버지가 자기 아들에게 애정을 가지고 훈육을 하는 것처럼 "내 아들아!"라고 부르고 있습니다. 바울은 디모데에게 그리스도 예수 안에서 강하라고 하였습니다. 디모데는 신실한 사람이었습니다. 그런데 육체적으로는 위장병을

구역예배공과

가지고 있었고, 내면적으로는 수줍어하는 여린 마음을 가지고 있었습니다. 그런 디모데에게 바울은 그리스도의 은혜 안에서 강하라고 권면하고 있습니다.

■ 그렇다면 우리가 어떻게 영적으로 강해질 수 있을까요?

첫째는 날마다 하나님의 은혜를 덧입고 사는 것입니다. 하나님의 충만한 은혜를 덧입고 살아갈 때 말씀과 성령으로 충만한 삶을 살 수 있습니다. 말씀과 성령으로 충만할 때 영적으로 강해지는 것입니다. 둘째는 담대해야 합니다. 우리가 세상에서 환난을 당하지만 주님께서 승리하셨으므로 담대하게 살아가는 것입니다. 강하고 담대한 사람은 욱여쌈을 당하여도 싸이지 않습니다. 답답한 일을 당하여도 낙심하지 않습니다. 박해를 받아도 버린바 되지 않습니다. 거꾸러뜨림을 당하여도 망하지 않습니다. 강하고 담대한 사람은 십자가의 은혜로 살아갑니다. 그래서 넘어지면 또 일어서게 됩니다. 그러므로 우리는 차세대를 영적으로 강하게 세워나가야 합니다.

2. 충성되게 세워나가야 합니다.

바울은 계속해서 편지 쓰기를, "또 네가 많은 증인들 앞에서 내게 들은 바를 충성된 사람들에게 부탁하라 그들이 또 다른 사람들을 가르칠 수 있으리라"고 하였습니다. 바울은 디모데에게 네가 그동안 훈련을 받았고 내게 들은 복음을 충성된 사람들에게 부탁하라고 하였습니다. 여기서 충성된 사람은 어떤 사람을 가리킵니까? 충성된 사람은 '신실한 사람', '믿고 위탁할 만한 사람'을 가리킵니다.

어떤 회사의 회장이 후계자를 세울 때 아무나 세우지 않습니다. 후계자 중에서 경영능력과 성실성을 겸비한 검증되고 믿을 만한 후계자에게 물려 줍니다. 마찬가지로 바울도 복음을 맡길 만한 신실한 사람에게 맡기라고 가르쳐 줍니다. 그러면 그 사람이 또 다른 사람을 가르칠 수 있게 된다는 것입니다. 그래서 복음이 계속적으로 세대와 세대 간에 계승이 이루어진다는 것입니다. 부모 세대만 예수를 잘 믿어도 안 됩니다. 우리 당대만 예수를 잘 믿어도 안 됩니다. 우리의 자녀들 세대까지도 예수를 잘 믿도록 해야 합니다.

예수님은 제자들에게 "그러므로 너희는 가서 모든 민족을 제자로 삼아 세례를 베풀라"고 명령하셨습니다. 모든 민족을 제자로 삼아 가르쳐 지키게 하라는 것입니다. 충성된 사람을 세우라는 것입니다. 충성된 사람을 세우면 그 사람이 또 다른 사람을 세워나간다는 것입니다. 그래서 복음의 계주가 계속적으로 이루어지는 것입니다. 건강한 교회는 충성된 사람들을 세워나가는 교회입니다. 다른 사람을 가르칠 수 있을 때까지 훈련하는 것입니다. 그리고 복음을 위탁하는 것입니다. 그러므로 우리는 다음 세대를 이끌어갈 강하고 훈련된 차세대를 세워나가야 합니다.

나눔의 시간

1. 본문에서 가장 인상적인 말씀은 무엇입니까?

....

....

....

....

2. 왜 그 말씀이 가장 인상적이라고 생각합니까?

....

....

....

....

3. 한 주간 동안 실천해야 될 말씀은 무엇입니까?

....

....

....

....

함께 공유할 기도제목

개인	
가정	
교회	
직장	

● ● ●

제19과

부모에게 효를 행하라

성경: 신명기 5:16

찬송: 559장 579장

"너는 네 하나님 여호와께서 명령한 대로 네 부모를 공경하라 그리하면 네 하나님
여호와가 네게 준 땅에서 네 생명이 길고 복을 누리리라"(16절).

가정은 하나님께서 최초로 세워주신 축복의 기관입니다. 하나님께서 에덴동
산에 가정을 세워주셨습니다. 가정이 곧 교회였고, 교회가 곧 가정이었습니다.
우리는 행복한 가정을 세워나가고 행복한 교회를 세워나가야 합니다. 성경에
보면 부모에 대한 언급이 많이 나옵니다. 그렇다면 부모는 어떤 대상입니까?
그리고 부모를 어떻게 대해야 합니까?

1. 부모님께 보답하는 법을 자녀에게 가르쳐야 합니다.

성경은 자녀에게 효행을 가르쳐서 배우게 하라고 교훈하고 있습니다. 디모데
전서 5장 4절에 보면, 만약에 어떤 과부에게 자녀나 손자가 있을 경우에 자기
집에서 효를 행하여서 부모에게 보답하는 것을 배우게 하라고 가르치고 있습니
다. 바울 당시에 자녀들이 있었음에도 불구하고 과부들을 교회에 떠넘긴 경우
들이 있었습니다. 그래서 바울은 자녀나 손자들이 책임을 지도록 가르치라고
교훈하고 있습니다. 부모가 자녀를 양육할 때 얼마나 희생하고 헌신하며 투자
를 합니까? 그런 부모에게 효를 행할 수 있도록 가르치라는 것입니다. 그것은

구역예배공과

91

하나님께서 받으실 만한 것이라고 하였습니다.

우리는 자녀들에게 효를 배울 수 있는 기회를 제공해 주어야 합니다. 자녀들에게 심는 법을 가르쳐 주어야 합니다. 감사하는 법을 가르쳐 주고, 인사하는 법을 가르쳐 주고, 남을 섬기는 법을 가르쳐 주고, 남에게 베푸는 법도 가르쳐 주어야 합니다. 만약에 자녀를 근실히 가르치지 않으면 이기적인 사람이 되어서 거두지 못하는 인생이 될 수 있습니다. 예수님도 십자가상에서 운명하실 때 어머니를 부탁하시는 효행을 잊지 않으셨습니다. 그러므로 우리는 자녀들이 축복의 자녀로 자랄 수 있도록 가르쳐야 합니다.

2. 부모님께 순종하는 법을 자녀에게 가르쳐야 합니다.

골로새서 3장 20절에 보면, "자녀들아 모든 일에 부모에게 순종하라 이는 주 안에서 기쁘게 하는 것이니라"고 말씀하고 있습니다. 부모에 대한 자녀의 도리를 가르쳐 주라는 것입니다. 부모는 자녀를 낳아주시고 길러주신 분입니다. 더 나아가서 자녀의 권위자로 세워주셨습니다. 따라서 자녀는 부모를 하나님께서 세워주신 권위 대행자로 알고 존경하며 순종해야 합니다. "모든 일에 순종하라"는 말씀은 무조건 맹종하라는 말씀이 아닙니다. 지혜롭게 순종하라는 것입니다. 부모가 비록 하나님의 대행자라고 할지라도 오류가 있고 부당한 것을 요구했을 때는 혈기로 반항하거나 거역하는 자세가 아니라 지혜롭게 말씀드리라는 것입니다. 이것이 곧 순종입니다. 순종을 하되 주 안에서 순종하라는 것입니다.

말세의 현상 가운데 하나는 부모에게 거역하는 것입니다. 말세를 살아가는 우리는 더 깊은 영성을 가지고 말씀에 순종하는 삶을 살아야 합니다. 아내는 남편을 존경해야 합니다. 남편은 아내를 사랑해야 합니다. 부모는 자녀를 양육해야 합니다. 자녀는 부모를 공경해야 합니다. 이런 섬김의 질서가 잘 이루어진다면 건강한 가정공동체가 세워질 것입니다.

3. 부모님께 공경하는 법을 자녀에게 가르쳐야 합니다.

신명기 5장 16절에 보면, 부모를 공경하는 것은 하나님의 명령입니다. 하나님께서 명령하신 것처럼 부모를 공경할 때 두 가지를 약속하고 있습니다. 첫째는 장수의 복을 약속하고 있습니다. 둘째는 잘되는 복을 약속하고 있습니다. 고대 사회에서 장수의 복은 가장 소중한 복으로 여겼습니다. 부모를 공경하는 자에게는 가장 소중한 복을 주신다는 것입니다. 여기에는 영적인 복뿐만 아니라 육적인 복까지도 포함하고 있습니다. 그렇다면 인간에게 주신 계명 중에서 왜 부모 공경을 가장 먼저 말씀하고 있을까요?

첫째는 가정의 위계질서로서 사회적인 질서까지 이어지기 때문입니다. 둘째는 하나님을 공경하는 것을 배우는 하나의 학습도감이 되기 때문입니다. 따라서 부모를 잘 공경하는 사람은 하나님도 잘 공경하게 되어 있습니다. 따라서 하나님을 잘 공경하기 위해서는 부모에게도 잘 공경해야 합니다. 눈에 보이는 육신의 부모의 권위와 눈에 보이지 않는 하나님의 권위는 상호 유기적인 관계를 가지고 있습니다. 성경은 부모를 공경할 때 가장 좋은 땅의 복을 약속하고 있습니다. 그러므로 우리는 하나님의 명령을 따라 부모를 공경해야 하며 또한 자녀들을 잘 가르쳐야 합니다.

나눔의 시간

1. 오늘 본문 중에서 가장 인상적인 말씀은 무엇입니까?

....

....

....

....

2. 왜 그 말씀이 가장 인상적이라고 생각합니까?

....

....

....

....

3. 한 주간 동안 실천해야 될 말씀은 무엇입니까?

....

....

....

....

함께 공유할 기도제목

개인	
가정	
교회	
직장	

제20과

천국의 소망

성경: 요한계시록 22:1~5

찬송: 488장   484장

"또 그가 수정같이 맑은 생명수의 강을 내게 보이니 하나님과 및 어린 양의 보좌로부터 나와서 • 길 가운데로 흐르더라 강 좌우에 생명 나무가 있어 열두 가지 열매를 맺되 달마다 그 열매를 맺고 그 나무 잎사귀들은 만국을 치료하기 위하여 있더라"(1~2절).

현대인들의 특징이 있습니다. 현대인들은 바쁘게 살아갑니다. 불안하고 의심이 많습니다. 부정적인 성향이 있습니다. 소외감을 느끼며 삽니다. 낮은 자존감이 있습니다. 중독성이 있습니다. 그리고 내세보다는 현세를 더 중시하며 살아갑니다. 그래서 천국과 지옥을 그렇게 중요하게 여기지 않고 살아갑니다. 오늘 본문은 천국에 대하여 다루고 있습니다.

1. 천국의 소망을 가지고 살아야 합니다.

요한계시록이 기록된 배경을 보면 초대 교회 성도들이 로마제국 아래서 엄청난 박해를 받고 있던 때였습니다. 그들은 예수를 믿는 것 때문에 박해를 받았습니다. 그때 예수님은 박해 가운데 있는 초대 교회 성도들에게 낙심하거나 절망하지 않고 끝까지 주님을 붙들고 천국에 대한 소망을 가지고 살도록 위로와 격려의 말씀을 주고 있습니다. 그래서 소아시아 지역에 있는 일곱 교회에 사도

구역예배공과

요한을 통해서 편지를 보낸 것입니다. 예수님은 교회에 관심이 많으시며 교회를 자기 신부처럼 사랑하십니다. 그래서 예수님께서 관심과 사랑과 애착을 가지고 위로와 소망의 편지를 쓰신 것입니다.

예수님은 우리 성도가 재림신앙을 가지고 천국을 바라보며 살기를 원하십니다. 창세기는 시작의 책이라고 한다면 요한계시록은 세상의 끝을 보여 주고 있는 책입니다. 주님께서 밧모섬에 유배되어 있는 사도 요한을 통해서 장차 이루어질 완성된 천국을 보여 주신 것입니다. 우리는 이 땅에 살면서 주님께서 맡겨주신 청지기로서 주어진 일에 충성을 다해야 합니다. 그리고 천국을 우리의 궁극적인 소망으로 삼고 살아야 합니다.

2. 천국은 생명수가 흐르는 곳입니다.

천국은 어떤 곳입니까? 천국은 생명수 강이 흐르는 곳입니다. 그 생명수는 성도들에게 영원한 생명을 주는 물입니다. 그 물을 마시는 자는 영원한 생명을 얻습니다. 그 생명수는 곧 성령을 가리킵니다. 우리는 영원한 성령의 물을 마셔야 합니다. 그리고 성령님이 우리 안에 거하셔야 합니다. 성령님이 우리 안에 거하실 때 우리가 주님을 주로 고백할 수 있고 영원한 생명을 누리게 되는 것입니다. 생명수의 강물이 하나님과 어린 양의 보좌로부터 흘러나와서 길 가운데로 흐릅니다. 그 생수의 강이 길 가운데로 흐를 때 강 좌우에 있는 생명 나무가 열두 가지를 달마다 맺습니다. 그리고 잎사귀들은 만국을 치료하는 기능을 해 줍니다.

천국에는 상한 심령과 육체를 치료해주는 영원한 치료제가 있습니다. 생명나

무에서 열리는 풍성한 열매들과 잎사귀 약재료들을 통해서 영원한 생명을 누리게 되는 것입니다. 그래서 천국에는 사망이나 애통하는 것이나 곡하는 것이나 질병이 없습니다. 잃어버린 새로운 에덴동산의 회복이 일어납니다. 천국은 부족함이 없는 곳이며 완전한 곳입니다.

3. 천국은 영원히 예배하는 곳입니다.

천국의 중앙에는 하나님과 어린 양의 보좌가 있습니다. 그리고 이 땅에서 구원 받은 모든 백성들과 24장로들과 천사들이 하나님과 어린 양 보좌 앞에서 예배를 드립니다. 천국은 한마디로 예배를 드리는 곳입니다. 우리가 이 땅에서 예배를 드리는 것은 앞으로 천국에서 예배를 드리는 연습을 하는 것입니다. 그래서 여기에서 예배를 잘 드리는 사람은 천국에서도 예배자가 될 것입니다. 그러나 이 땅에서 참된 예배자가 되지 못하면 천국에서도 참된 예배자가 되지 못하고 낙오자가 될 것입니다.

우리 인생에 있어서 최우선순위는 구원을 받는 것입니다. 그리고 천국에서는 하나님의 얼굴을 대면하여 볼 것입니다. 천국에는 등불과 햇빛이 필요 없습니다. 그 이유는 우리 하나님 자체가 빛이시며 그 빛이 환하게 천국을 비춰주기 때문입니다. 그리고 구원 받은 성도들이 천국을 상속 받은 자녀로서 세세토록 왕 노릇하는 하나님의 영광에 참여하게 될 것입니다. 그리고 영생의 축복을 누리게 될 것입니다. 천국은 구원 받은 성도들이 영원히 예배하는 곳입니다.

나눔의 시간

1. 본문에서 가장 인상적인 말씀은 무엇입니까?

2. 왜 그 말씀이 가장 인상적이라고 생각합니까?

3. 한 주간 동안 실천해야 될 말씀은 무엇입니까?

함께 공유할 기도제목

개인	
가정	
교회	
직장	

● ● ●

제21과

성령을 따라 살라

성경: 갈라디아서 5:16~26

찬송: 250장   195장

"내가 이르노니 너희는 성령을 따라 행하라 그리하면 육체의 욕심을 이루지 아니하
리라 • 육체의 소욕은 성령을 거스르고 성령의 소욕은 육체를 거스르나니 이 둘이
서로 대적함으로 너희가 원하는 것을 하지 못하게 하려 함이니라"(16~17절).

갈라디아서는 작은 로마서라고도 부릅니다. 그리고 갈라디아서는 그리스도
의 십자가를 잘 설명해주고 있습니다. 율법은 선하고 의로우며 완전한 것이지
만 율법으로는 구원을 받을 수 없다는 것입니다. 그래서 십자가 신앙의 중요성
을 강조해주고 있습니다. 바울은 다른 복음은 없음과 할례 없는 순수한 복음을
전하였습니다. 갈라디아교회에는 두 부류의 사람들이 있었습니다. 그 두 부류
의 사람은 어떤 사람이며 그리고 각각 어떤 열매가 나타납니까?

1. 육체의 소욕을 따라 사는 사람들입니다.

바울은 성령을 따라 살라고 가르쳐 주고 있습니다. 성령을 따라 살면 육체의
욕심을 이루지 않는다는 것입니다. 성령의 지배를 받고 살면 성령을 따라 살게
됩니다. 그러나 육체를 따라 살면 육체가 이끄는 대로 살게 됩니다. 인간의
욕망이라는 것은 끝이 없습니다. 인간의 욕심대로 내버려두면 세상적인 가치관
과 욕심을 따라 살게 됩니다. 이것이 타락한 인간의 본성입니다. 육체의 소욕은

성령을 거스릅니다. 성령의 소욕은 육체를 거스릅니다. 이 둘이 서로 대적하며 싸우는 것입니다.

바울은 내적인 싸움을 하는 자신의 모습을 보면서 탄식을 합니다. 거룩하게 살고자 하는 몸부림을 친 것입니다. 술이나 담배나 어떤 중독성에 대해서 끊고 싶은데 인간의 의지로 잘 되지 않은 부분이 있습니다. 예수님은 우리 인간의 치명적인 약점을 짊어지시고 십자가에서 죽으셨습니다. 그는 우리의 모든 문제를 해결해주신 분입니다.

인간이 육체의 소욕을 따라 살면 어떤 열매가 열리게 될까요? 육체의 열매가 열리게 됩니다. 음행과 순결하지 않는 것과 호색과 우상숭배와 술수와 원수 맺는 것과 다툼과 시기와 분노와 이기심과 분열과 이단과 질투와 술취함과 방탕입니다. 육체의 소욕을 따라 살면 이런 열매들이 열리게 됩니다. 그래서 바울은 이런 일을 행하는 자는 하나님나라를 유업으로 받지 못한다고 경고하고 있습니다. 심령이 가난한 자가 천국을 소유하는 것입니다. 그러므로 우리는 육체의 소욕을 따라 살지 않고 성령의 소욕을 따라 사는 자가 되어야 합니다.

2. 성령의 소욕을 따라 사는 사람들입니다.

성령을 따라 사는 사람은 율법에 얽매이지 않고 자유함으로 살아갑니다. 참 자유는 세상으로부터 오는 자유와는 다른 것입니다. 그렇다면 성령의 소욕을 따라 사는 결과가 무엇입니까? 성령 안에서 열리는 열매가 있습니다. 첫째는 사랑의 열매입니다. 만약에 이 세상에 사랑이 없다면 메마른 사막과 같이 삭막한 세상이 되고 말 것입니다. 사랑은 우리 신앙에 있어서 핵심적인 요소입니다.

사랑은 오래 참고 인내하는 것입니다. 우리가 성령으로 충만할 때 사랑의 열매가 열립니다.

둘째는 희락의 열매입니다. 희락은 성령님께서 주시는 내적인 기쁨입니다. 성령으로 충만하면 기쁨이 주어집니다. 셋째는 화평의 열매입니다. 넷째는 오래 참음의 열매입니다. 다섯째는 친절의 열매입니다. 여섯째는 선함의 열매입니다. 일곱째는 충성의 열매입니다. 충성의 열매는 신실함의 열매입니다. 여덟째는 온유의 열매입니다. 온유는 나약함을 의미하지 않습니다. 내적으로 강인한 열매이지만 외적으로는 부드럽게 열리는 열매입니다. 아홉째는 절제의 열매가 있습니다. 절제는 자제하는 능력입니다.

성령을 좇아 사는 사람에게는 위의 아홉 가지 열매가 열리게 됩니다. 그리고 성령의 역사는 누구도 막을 수 없습니다. 육체의 정욕과 탐심을 십자가에 못 박은 사람은 성령의 열매가 열리게 됩니다. 내면에서 열리는 인격의 열매입니다. 그러므로 우리는 육체의 소욕을 따라 살지 않고 성령의 소욕을 따라 살아야 합니다. 성령께 순종하는 삶을 사는 것입니다. 그럴 때 우리의 내면에 질서와 함께 아름다운 성령의 열매가 열리게 될 것입니다.

나눔의 시간

1. 본문에서 가장 인상적인 말씀은 무엇입니까?

2. 왜 그 말씀이 가장 인상적이라고 생각합니까?

3. 한 주간 동안 실천해야 될 말씀은 무엇입니까?

함께 공유할 기도제목

개인	
가정	
교회	
직장	

● ● ●

제22과
하나님 아버지의 사랑

성경: 누가복음 15:11~19

찬송: 15장   309장

"내가 일어나 아버지께 가서 이르기를 아버지 내가 하늘과 아버지께 죄를 지었사오니 • 지금부터는 아버지의 아들이라 일컬음을 감당하지 못하겠나이다 나를 품꾼의 하나로 보소서 하리라 하고"(18~19절).

본문은 아버지의 사랑을 비유적으로 보여 주고 있습니다. 그리고 하나님께 나아가는 방법을 가르쳐 주고 있습니다. 본문에는 몇 사람의 등장인물이 나오고 있습니다. 아버지는 하나님을 의미하고, 맏아들은 유대종교지도자들과 유대인들을 의미하며, 둘째 아들은 세리와 죄인들과 이방인들을 의미하고 있습니다.

1. 하나님의 사랑을 받을 때 행복합니다.

인간은 사랑 받을 때 행복해집니다. 인간은 사랑 받기 위해 태어난 존재입니다. 하나님은 인간이 사랑을 받고 복을 누리며 살도록 창조하셨습니다. 어떤 사람에게 두 아들이 있었습니다. 그런데 둘째 아들이 재산 중에서 자기의 몫을 달라고 성화를 대자 아버지가 그 몫을 떼어줍니다. 맏아들과 둘째 아들에게 각각 재산을 분배해준 것입니다. 그런데 둘째 아들이 상속받은 재산을 가지고 멀리 아버지 곁을 떠나버립니다. 그리고 허랑방탕한 생활을 하게 된 것입니다.

구역예배공과

103

마침내 돈이 다 떨어지자 이방인의 한 사람에게 붙어 사는데 그가 돼지를 치게 합니다. 배가 고파 돼지가 먹는 쥐엄 열매를 먹고자 해도 주는 사람이 없습니다. 비참하고 절망적인 인생의 밑바닥으로 내려간 것입니다. 둘째 아들은 기아에 허덕인 상태가 되었습니다. 그리고 아버지 집의 풍족함을 깨닫게 됩니다. 인류의 최초의 탕자는 아담입니다. 선악과를 따먹은 아담은 하나님을 멀리 떠난 탕자가 되어버리고 말았습니다. 그런데 하나님께서 아담을 찾으셨습니다. 우리 인간은 하나님의 관심과 사랑을 받을 때 행복해집니다.

2. 하나님은 회개한 자를 받아주십니다.

우리가 하나님께 나아가는 방법은 회개입니다. 죄를 회개할 때 하나님은 받아주십니다. 우리가 죄를 회개할 때 하나님은 용서해 주시며 받아 주십니다. 둘째 아들이 기아 상태에서 아버지를 생각하고 집으로 돌아가기로 마음을 먹고 아버지께로 돌아갑니다. 그런데 아직도 거리가 먼데 아버지가 그 아들을 먼저 알아보고 불쌍히 여기며 아들에게로 달려갑니다. 그리고 목을 안고 입을 맞춥니다. 탕자가 아버지께 용서를 구합니다. 하나님은 회개한 자에게 자녀된 신분을 회복시켜 주십니다.

첫째는 제일 좋은 옷을 내어다가 입혀 줍니다. 옷은 신분 회복을 의미합니다. 둘째는 손에 가락지를 끼워 줍니다. 가락지는 유산을 의미하며 왕적인 권위를 의미합니다. 셋째는 신발을 신겨 줍니다. 신발은 종이 아닌 아들의 신분 회복을 의미하며 또한 자유를 상징합니다. 아버지는 돌아온 탕자를 종이 아닌 소중한 아들로 받아 줍니다. 하나님은 죄인이 회개하고 돌아올 때 하나님의 자녀된 신분을 회복시켜 주십니다. 그리고 죄인 한 사람이 돌아올 때 진정으로 기뻐하십니다.

3. 하나님은 자기 자녀를 사랑하십니다.

아버지는 종들을 시켜서 돌아온 탕자를 위해서 잔치를 베풀어 줍니다. 가장 좋은 짐승을 잡고 이웃들을 불러 축제를 벌입니다. 그런데 맏아들은 아버지의 재산을 창기와 함께 탕진한 동생을 위해서 잔치를 베풀어준 아버지에 대하여 못 마땅하게 여기며 섭섭함과 원망과 불평을 토로합니다. 그때 아버지는 맏아들을 달래며 이해시키려고 노력합니다. 왜냐하면 아버지는 두 아들을 모두 사랑하기 때문입니다.

첫째로 아버지가 돌아온 탕자를 위해서 잔치를 베풀어 줍니다. 결코 책망하지 않고 아버지의 넓은 사랑으로 받아준 것입니다. 둘째로 아버지는 맏아들도 사랑한다는 것을 보여 줍니다. 열 손가락을 깨물어서 아프지 않은 손가락이 어디 있겠습니까? 그런 것처럼 아버지는 두 아들 모두 다 사랑합니다. 하나님은 모든 사람을 사랑하시며 구원받기를 원하십니다. 그래서 독생자 예수님을 이 세상에 보내 주신 것입니다. 하나님의 사랑의 결정체는 독생자 예수님입니다. 그리고 누구든지 그를 믿는 자에게는 구원받는 길을 열어 놓으셨습니다. 하나님의 사랑은 무한하십니다. 그러므로 우리는 그 하나님의 사랑에 감사 감격하며 증거하는 삶을 살아야 합니다.

나눔의 시간

1. 본문에서 가장 인상적인 말씀은 무엇입니까?

....

....

....

....

2. 왜 그 말씀이 가장 인상적이라고 생각합니까?

....

....

....

....

3. 한 주간 동안 실천해야 될 말씀은 무엇입니까?

....

....

....

....

함께 공유할 기도제목

개인	
가정	
교회	
직장	

6월

성령충만한 신앙생활

●●●

제23과

성령의 지배를 받으라

성경: 에베소서 5:15~21

찬송: 191장 184장

"술 취하지 말라 이는 방탕한 것이니 오직 성령으로 충만함을 받으라 • 시와 찬송과
신령한 노래들로 서로 화답하며 너희의 마음으로 주께 노래하며 찬송하며"(18~19절).

오순절 마가의 다락방에 성령이 바람같이! 불같이! 임하게 되었습니다. 그때
거기에 모여 있던 성도들이 모두 다 성령충만함을 받게 되었습니다. 성령충만
은 곧 성령의 지배를 받는 것입니다. 오순절에 임한 성령님은 오늘 이 시대에도
동일하게 우리 가운데 역사하십니다. 성령의 지배를 받는 삶은 필수적입니다.
우리는 날마다 성령의 지배를 받는 삶을 살아야만 합니다. 그렇다면 성령의
지배를 받는 삶이란 무엇일까요?

1. 주님의 지혜를 구하는 삶입니다.

바울은 편지 쓰기를 "그런즉 너희가 어떻게 행할 것을 자세히 주의하라"고
가르쳐 주고 있습니다. 너희가 어떻게 인생의 길을 걸어가야 하는지를 주의깊
게 살펴보라는 것입니다. 그래서 지혜 없는 자처럼 살지 말고 지혜 있는 자처럼
살라는 것입니다. 그리고 때가 악하기 때문에 세월을 아끼라는 것입니다. 지금
은 말세의 때입니다. 말세는 주님의 초림 때부터 재림까지를 가리킵니다. 말세
를 살아가는 우리 성도는 때가 악하기 때문에 세월을 아끼면서 살아야 합니다.

구역예배공과

한번 지나간 세월은 다시 붙잡을 수 없습니다.

인생이 즐거울 때는 시간이 짧습니다. 그러나 고통스러울 때는 시간이 길게 느껴집니다. 시간은 사용하지 않아도 소모가 됩니다. 세월을 아끼라는 말씀은 "시간을 구속하다", "기회를 포착하다"라는 뜻입니다. 그러므로 우리는 빛의 자녀로서 지혜롭게 살아야 합니다. 기회를 포착하며 살아야 합니다. 하나님께서 주신 시간은 값지고 소중합니다. 시간은 누구에게나 똑같이 주어졌습니다. 우리는 그 시간을 아끼면서 모든 기회를 포착하며 살아야 합니다. 이것이 성령의 지배를 받는 지혜로운 삶입니다.

2. 주님의 뜻을 이해하는 삶입니다.

바울은 어리석은 자가 되지 말라고 가르치고 있습니다. 어리석은 사람은 어떤 사람입니까? 어리석은 사람은 주님의 뜻을 이해하지 못하고 술 취하며 방탕하게 살아가는 사람입니다. 그러나 지혜로운 사람은 주님의 뜻을 분별하면서 살아가는 사람입니다. 우리는 방탕한 삶이 아니라 영적으로 깨어 있는 삶을 살아야 합니다. 그래서 바울은 오직 성령의 충만을 받으라고 명령하고 있는 것입니다. 주님의 뜻을 따라 사는 사람은 항상 기뻐하고 쉬지 않고 기도하고 범사에 감사하는 삶을 살아갑니다. 이런 삶이 성령의 지배를 받는 삶입니다.

주님의 뜻은 성령의 지배를 받으며 사는 것입니다. 성령의 지배를 받으면 기쁨이 넘치고, 감사가 넘치고, 평강이 넘칩니다. 성령의 지배를 받으면 찬양이 넘치고 은혜가 넘칩니다. 우리의 언어가 긍정적인 언어로 바뀝니다. 삶의 질이 달라지고 천국을 누리게 됩니다. 그리고 기쁨의 원리, 감사의 원리, 은혜의 원리로 살아가게 됩니다.

3. 주님께 범사에 감사하는 삶입니다.

성령의 지배를 받으면 마음으로부터 우러나오는 기쁨과 감사와 찬양이 있습니다. 그래서 혼자 길을 걸어갈 때도 웃음이 나옵니다. 감성이 살아나게 됩니다. 20절에 보면, "범사에 우리 주 예수 그리스도의 이름으로 항상 감사하며"라고 했습니다. 성령의 지배를 받는 삶은 찬양과 더불어 감사의 열매로 나타납니다. 감사는 신앙의 열매입니다. 믿음이 깊어질수록 감사가 많아집니다. 고난도 역경도 감사로 여겨집니다.

어떤 분이 이런 글을 썼습니다. "감사는 최고의 영적인 화장품입니다!" "감사하면 얼굴이 환해집니다!" "감사는 최고의 영적인 보약입니다!" "감사하면 젊어집니다!" "감사는 최고의 영적인 치료약입니다!" "감사하면 질병도 치유됩니다!" "감사는 최고의 영적인 항암제입니다!" "감사하면 암세포도 꼼짝 못하고 죽습니다!" "감사는 영적인 진통제입니다!" "감사하면 고통이 사라집니다!" "감사는 최고의 영적인 수면제입니다!" "감사하면 불면증도 사라집니다!" "감사는 최고의 영적인 방부제입니다!" "감사하면 영혼이 부패되는 것을 방지할 수 있습니다!" 이것이 감사의 축복입니다. 감사하면 범사에 유익함이 많습니다. 성령의 지배를 받을 때 범사에 감사하는 삶을 살게 됩니다.

나눔의 시간

1. 본문에서 가장 인상적인 말씀은 무엇입니까?

....

....

....

....

2. 왜 그 말씀이 가장 인상적이라고 생각합니까?

....

....

....

....

3. 한 주간 동안 실천해야 될 말씀은 무엇입니까?

....

....

....

....

함께 공유할 기도제목

개인	
가정	
교회	
직장	

●●●

제24과

응답하시는 하나님

성경: 마태복음 7:7~12

찬송: 364장 369장

"구하라 그리하면 너희에게 주실 것이요 찾으라 그리하면 찾아낼 것이요 문을 두드
리라 그리하면 너희에게 열릴 것이니 • 구하는 이마다 받을 것이요 찾는 이가 찾아낼
것이요 두드리는 이에게 열릴 것이니라"(7~8절).

성경은 세 가지의 기도응답을 가르쳐 주고 있습니다. 우리는 가끔 이런 질문
을 해봅니다. "과연 하나님이란 분은 실재하시는 분일까?" "만약에 하나님이
실재하신다면 왜 우리 앞에 나타나지 않으실까?" "그분은 과연 우리의 기도를
듣고 계실까?" "하나님은 왜 우리의 기도에 즉각적으로 응답하지 않으실까?"
"우리의 기도가 혹시 허공을 치는 것은 아닐까?" 그런데 성경은 하나님은 살아
계시고 실제로 존재하시는 분이라고 증거하고 있습니다. 그리고 우리의 기도에
항상 귀를 기울이실 뿐만 아니라 응답하시는 분이라고 말씀하고 있습니다.

1. 즉각적인 응답을 주십니다.

기도에는 즉각적인 '예스'(yes)의 응답이 있습니다. 우리가 드리는 기도가 하
나님의 뜻에 합당한 기도일 때는 하나님께서 즉각적으로 응답해 주십니다. 예
수님은 "구하라 그리하면 너희에게 주실 것이요"(마 7:7), "내 이름으로 무엇이
든지 내게 구하면 내가 행하리라"(요 14:14) 라고 말씀하셨습니다. 하나님은

구역예배공과

113

사랑하는 자녀의 기도를 즉각적으로 응답하시고 좋은 것으로 채워 주십니다.

■ **현대인들의 3대 염려가 있습니다.**

"무엇을 먹을까!" "무엇을 마실까!" "무엇을 입을까!" 입니다. 사람들은 의식주 문제에 대한 끊임없는 염려를 합니다.

■ **심리학자 어니 젤린스키의 걱정에 대한 연구결과입니다.**

① 걱정의 40%는 절대로 일어나지 않을 일이며,

② 걱정의 30%는 이미 일어난 일이며,

③ 걱정의 22%는 안 해도 될 사소한 일이며,

④ 걱정의 40%는 우리 힘으로는 어떻게 할 수 없는 일이며,

⑤ 걱정의 4%는 우리가 바꿀 수 있는 일이라고 합니다.

그러므로 우리는 모든 염려를 하나님께 맡기고 즉각적인 응답을 주시는 하나님을 의지하며 살아야 합니다.

2. 안 된다는 응답을 주십니다.

기도에는 안 된다는 '노'(no)의 응답이 있습니다. '노'(no)라는 응답도 하나의 응답입니다. "구하여도 받지 못함은 정욕으로 쓰려고 잘못 구하기 때문이라"(약 4:3)고 야고보 사도는 가르쳐 줍니다. 우리가 열심히 간구하되 잘못된 동기 (wrong motives)를 가지고 기도할 때 하나님은 응답하시지 않습니다. 인간의 욕심을 가지고 기도하면 응답하시지 않습니다. 인간의 탐욕을 가지고 기도해도 응답하시지 않습니다. 하나님께서 사랑하기 때문에 거절하시는 것입니다. 사랑

은 때로 거절을 요합니다. 그 사람을 위하여 거절을 하는 것입니다. 따라서 아니라는 응답도 하나의 응답입니다.

3. 기다리라는 응답을 주십니다.

기도에는 '기다리라'(wait)는 응답이 있습니다. 기다리라는 응답도 하나의 응답입니다. 곡식을 뿌린 지 삼 일밖에 지나지 않았는데 당장 열매를 거두게 해달라고 기도한다면 하나님께서는 기다리라고 말씀하실 것입니다. 어린아이가 요리를 하겠다고 칼을 달라고 기도한다면 장성할 때까지 기다리라고 말씀하실 것입니다. 하나님은 우리에게 기다리는 법을 배우게 하십니다. 우리는 때에 맞는 기도를 드려야 합니다. 정직한 기도를 드려야 합니다. 농부는 땅에서 나는 열매를 바라고 길이 참고 이른 비와 늦은 비를 기다립니다. 농부는 인내의 기다림을 통해서 정직의 열매를 먹습니다. 욥은 어둠의 긴 터널을 통과하는 동안 인내의 기도를 드렸습니다. 인내하며 기도하는 사람이 복된 사람입니다.

나눔의 시간

1. 본문에서 가장 인상적인 말씀은 무엇입니까?

....

....

....

....

2. 왜 그 말씀이 가장 인상적이라고 생각합니까?

....

....

....

....

3. 한 주간 동안 실천해야 될 말씀은 무엇입니까?

....

....

....

....

함께 공유할 기도제목

개인	
가정	
교회	
직장	

제25과

참된 예배란 무엇입니까?

성경: 요한계시록 4:7~11

찬송: 615장 438장

"네 생물은 각각 여섯 날개를 가졌고 그 안과 주위에는 눈들이 가득하더라 그들이 밤낮 쉬지 않고 이르기를 거룩하다 거룩하다 거룩하다 주 하나님 곧 전능하신이여 전에도 계셨고 이제도 계시고 장차 오실자라"(8절).

이스라엘 백성들을 포로에서 돌아오게 하신 목적은 전능하신 하나님을 찬송하게 하기 위함입니다. 즉 예배자로 삼기 위한 것입니다. 출애굽의 목적도 이스라엘 백성들을 예배자로 삼기 위한 것이었습니다. 오늘 본문은 천상에서 이루어지는 완전한 예배를 보여 주고 있습니다. 하나님은 우리가 예배자가 되기를 원하시며 또한 예배자를 찾고 계십니다. 그렇다면 참된 예배란 무엇입니까?

1. 참된 대상에게 드리는 것입니다.

요한계시록 4장은 사도 요한이 밧모섬에 유배되었을 때 성령의 이끌림을 받아 하늘에 열린 문을 통하여 천상의 세계를 보고 기록한 내용입니다. 로마의 극심한 박해 속에 있는 하나님의 백성들에게 용기와 소망을 가지고 살아가도록 천상의 세계를 보여 주신 것입니다. 수고하고 무거운 짐을 지고 살아가는 인생들이 땅만 바라보고 살면 절망하게 됩니다. 그러나 천국을 바라보면 소망이 생깁니다. 사도 요한이 천상의 세계를 보는데 너무나 아름다운 세계를 본 것입

구역예배공과

117

니다. 그리고 거기에서 사자 모양과, 송아지 모양과, 사람의 얼굴 모양과, 독수리 모양을 한 네 생물이 전능하신 하나님을 예배하는 광경을 목격합니다.

참된 예배란 무엇입니까? 참된 예배는 참된 대상에게 드리는 것입니다. 그렇다면 우리의 참된 예배의 대상은 누구입니까? 우리의 참된 예배의 대상은 살아계신 하나님 아버지입니다. 예배를 드리는 사람들은 많습니다. 그러나 참된 대상에게 예배를 드리는 사람은 그리 많지 않습니다. 이 세상에는 많은 종교들이 있습니다. 그들도 나름대로 예배를 드립니다. 그러나 예배를 드리는 행위와 참된 예배는 다른 것입니다. 우리의 참된 예배의 대상은 살아계신 하나님 아버지입니다.

2. 거룩하신 분에게 드리는 것입니다.

우리의 예배의 대상은 거룩하신 하나님입니다. 각각 여섯 날개를 가졌고 그 안과 주위에는 눈들이 가득한 네 생물이 전능하신 하나님 앞에서 예배를 드리는데 밤낮 쉬지 않고 드립니다. 네 생물이 어떻게 예배를 드립니까? "거룩하다!" "거룩하다!" "거룩하다!" 거룩하신 하나님께 예배를 드립니다. 성부, 성자, 성령, 삼위일체 하나님께 예배를 드립니다. 삼위일체 하나님은 우리의 예배를 받으시기에 합당하신 분입니다. 그분은 죄가 없으신 거룩하신 분입니다.

우리가 거룩하신 하나님을 가까이 하면 우리도 거룩해집니다. 그리고 그분을 점점 닮아가게 됩니다. 에녹은 므두셀라를 낳은 후에 삼백 년 동안 하나님과 동행하였습니다. 그렇게 하나님과 삼 백년 동안 동행하다가 이 땅에서 죽음을 보지 않고 천국으로 갔습니다. 에녹이 삼백 년 동안 하나님과 동행하면서 얼마나 하나님과 가까워지고 거룩한 모습으로 변화가 되었겠습니까? 그래서 이 땅에서 죽음을 보지 않고 하늘나라에 갔을 것입니다. 참된 예배는 거룩하신 하나님께 드리는 것입니다.

3. 최상급으로 드리는 것입니다.

네 생물이 보좌에 앉아 세세토록 살아계신 하나님을 향하여 영광과 감사와 존귀를 올려드립니다. 그때 24장로들이 보좌에 앉으신 하나님 앞에 엎드려 경배를 드립니다. 그리고 자신들이 쓰고 있던 가장 귀한 관(crown)을 벗어서 보좌 앞에 드립니다. 예배는 하나님 앞에서 받는 자세로 나아가는 것이 아닙니다. 우리의 가장 소중한 것을 드리는 자세로 나아가는 것입니다. 마음과 정성을 드리는 것입니다. 우리 성도가 예배를 받는 자세로 나간다면 상처와 실망을 안고 돌아가게 될 것입니다. 그러므로 예배는 드리는 자세로 나아가야 합니다.

24장로들은 세세토록 살아계신 하나님 앞에 귀한 관을 드립니다. 그리고 예배를 받으시기에 합당하신 하나님께 경배를 드립니다. 이것이 천상에서 이루어지는 완전한 예배요, 최상급의 예배입니다. 좋은 교회는 참된 예배자가 많은 교회입니다. 하나님은 예배자를 찾으시기 때문입니다. 예배의 승리자는 삶의 승리자가 됩니다. 그러나 예배의 실패자는 삶의 실패자가 됩니다. 따라서 우리 그리스도인들의 가장 우선순위는 예배가 되어야 합니다. 그리고 최상급의 예배를 드리는 예배자가 되어야 합니다.

나눔의 시간

1. 본문에서 가장 인상적인 말씀은 무엇입니까?

2. 왜 그 말씀이 가장 인상적이라고 생각합니까?

3. 한 주간 동안 실천해야 될 말씀은 무엇입니까?

함께 공유할 기도제목

개인	
가정	
교회	
직장	

●●●

제26과

하나님이 기뻐하시는 제사

성경: 히브리서 13:1~3

찬송: 220장　304장

"형제 사랑하기를 계속하고 • 손님 대접하기를 잊지 말라 이로써 부지중에 천사들을 대접한 이들이 있었느니라 • 너희도 함께 갇힌 것같이 갇힌 자를 생각하고 너희도 몸을 가졌은즉 학대받는 자를 생각하라"(1~3절).

히브리서의 주제는 '그리스도는 누구인가?'입니다. 그리스도는 어떤 존재보다도 탁월하신 분임을 증거하고 있습니다. 우리가 예수를 믿고 구원 받는 일은 참으로 중요한 일입니다. 그러나 예수를 믿는 것으로만 그친다면 그것은 반쪽짜리 신앙이 될 것입니다. 우리가 그리스도인이 된 이후에는 실천적인 삶을 살아가야 합니다. 그렇다면 하나님이 기뻐하시는 삶의 제사는 무엇일까요?

1. 형제를 사랑하는 것입니다.

히브리서는 형제 사랑하기를 계속하라고 가르쳐 줍니다. 형제 사랑하기를 한번하고 그치는 것이 아니라 계속 유지하라는 것입니다. 헬라어에 '필라델피아'는 '필리아'와 '델피아'가 합쳐진 복합 명사입니다. 그래서 '필라'+'델피아'는 '형제 사랑'이란 뜻입니다. 그것은 그리스도 안에서 연합된 성도 간의 사랑을 의미합니다. 공동체 안에서는 형제 사랑이 이루어져야 합니다. 형제 사랑은 기독교 윤리에 있어서 핵심이며 대강령입니다. 예수님은 "네 이웃을 네 몸과 같이 사랑하라"고 말씀하셨습니다. 이웃 사랑은 하나님 사랑과 함께 가장 중요한 핵심적인 가르침입니다. 따라서 교회가 형제 사랑을 놓쳐버린다면 신앙생활의 본질을 놓쳐버리는 것입니다.

요한 사도는 누구든지 형제를 사랑하지 못하면서 하나님을 사랑한다고 하는 말이 거짓말이라고 하였습니다. 그러므로 우리는 눈에 보이는 형제를 먼저 사랑해야 합니다. 그것이 진정으로 하나님을 사랑하는 것이 될 것입니다. 형제를 사랑하는 것은 성령님의 도우심이 필요합니다. 하나님이 기뻐하시는 제사는 지체들 간에 마음이 하나가 되어 서로 사랑하는 것입니다.

2. 손님을 대접하는 것입니다.

형제를 사랑하는 구체적인 실천은 나그네를 대접하는 것입니다. 유대인들은 지나가는 나그네를 대접하라고 율법에 명시하고 있습니다(신 10:18~19). 그때 당시 가장 가난하고 어려운 대상이 고아와 과부와 나그네였습니다. 전쟁과 질병으로 인해서 남편이나 부모를 잃기도 했습니다. 그래서 과부나 고아들이 많았습니다. 과거에 애굽에서 종 되었던 때를 기억하고 그들을 대접하라는 것입니다. 배고플 때 공궤해준 손길은 두고두고 잊지 못할 것입니다.

로마서에서는 "성도의 쓸 것을 공급하며 손 대접하기를 힘쓰라"(롬 12:13)고 하였습니다. 갈라디아서에서는 "사람이 무엇으로 심든지 그대로 거두리라"(갈 6:7)고 말씀합니다. 예수님은 제자의 이름으로 작은 자 하나에게 냉수 한 그릇이라도 대접하는 자는 결단코 상을 잃지 않을 것이라고 말씀하셨습니다. 주님은 우리의 선행을 지켜보고 계십니다. 아브라함은 지나가는 나그네를 대접했는데 부지중에 천사를 대접하게 되었습니다. 어려운 이웃을 구제하는 것은 곧 주님께 한 것입니다. 그러므로 우리는 하나님이 기뻐하시는 제사인 나그네를 대접하며 살아야 합니다.

3. 고난 받는 자를 돌아보는 것입니다.

하나님이 기뻐하시는 삶의 제사는 고난 받는 자를 돌아보는 것입니다. 첫째는 갇힌 자를 돌아보는 것입니다. 히브리서가 기록될 당시에는 예수님 때문에 감옥에 갇히는 일들이 많았습니다. 우리나라 일제강점기에 주기철 목사님은 예수님 때문에 못 위를 걸어가야만 했고 옥중에서 순교를 당해야만 했습니다. 지금도 북한에는 예수를 믿다가 감옥에 갇히고 고통당하는 사람들이 많이 있습니다. 우리는 갇힌 자를 생각하고 기도해 주어야합니다.

둘째는 학대받는 자를 돌아보아야 합니다. 초대 교회 당시는 기독교에 대한 극심한 박해가 있었습니다. 로마 사람들이 그리스도인들을 원형 경기장에 집어넣어놓고 사람들의 구경거리가 되게 만들었습니다. 그리고 사자에 의해서 사지가 찢기고 먹잇감이 되는 고통을 겪으면서 최후를 맞게 하였습니다. 그들이 가진 소유를 빼앗기기도 했습니다. 그렇게 예수님 때문에 고난당하는 자를 돌아보라는 것입니다. 우리 가운데 실천적인 삶이 없다면 그 신앙은 죽은 신앙입니다. 우리는 기독교적 이기주의를 경계해야 합니다. 하나님이 기뻐하시는 삶의 제사를 드려야 할 것입니다.

나눔의 시간

1. 본문에서 가장 인상적인 말씀은 무엇입니까?

....

....

....

....

2. 왜 그 말씀이 가장 인상적이라고 생각합니까?

....

....

....

....

3. 한 주간 동안 실천해야 될 말씀은 무엇입니까?

....

....

....

....

함께 공유할 기도제목

개인	
가정	
교회	
직장	

7월

실천하는 신앙생활

구역예배공과

● ● ●

제27과
맥추절을 지키라

성경: 출애굽기 23:14~17

찬송: 590장   587장

"맥추절을 지키라 이는 네가 수고하여 밭에 뿌린 것의 첫 열매를 거둠이니라 수장절을 지키라 이는 네가 수고하여 이룬 것을 연말에 밭에서부터 거두어 저장함이니라"(16절).

이스라엘 백성들은 3대 절기를 지켰습니다. 그 3대 절기는 유월절, 맥추절, 장막절입니다. 유월절은 애굽의 종살이를 기념하는 절기입니다. 맥추절은 처음 익은 곡식과 열매를 추수하여 하나님께 드리는 절기입니다. 맥추절은 히브리어의 "하그 하카추르"인데, "거두어 수확하는 절기"라는 뜻입니다. 맥추감사절은 처음 익은 곡식을 하나님께 드리는 절기입니다.

▣ 맥추절은 크게 두 가지 의미가 있습니다.

1. 십계명을 주신 날입니다.

이스라엘 백성들이 출애굽하여 50일째 되는 날, 정확하게 시내산에 도착하게 되었습니다. 그리고 앞으로 어떻게 살아야 할 것인가에 대한 말씀을 주셨는데 그것이 바로 십계명입니다.

구역예배공과

127

2. 성령께서 강림하신 날입니다.

신약의 핵심은 오순절 성령강림 사건입니다. 맥추절이 오순절인데 성령이 강림하신 날입니다. 그리고 맥추절은 교회가 탄생한 날이기도 합니다.

▣ 맥추절은 반드시 기억해야 합니다.

1. 맥추절을 기억해야 합니다(신16:12).

맥추절은 하나님의 은혜를 기억하는 시간입니다. 애굽의 노예생활과 광야생활의 은혜를 잊지 않고 기억하는 것입니다. 하나님께서 이스라엘 백성들이 광야에 있을 때 먹을 것과 입을 것을 주셨습니다. 배고플 때는 만나와 메추라기를 주셨고, 목마를 때는 생수를 공급해 주셨고, 낮에는 구름기둥으로, 밤에는 불기둥으로 인도해 주셨고, 외롭고 답답할 때는 말씀을 주셨으며, 죄를 짓고 방황할 때는 성막을 주셨습니다. 그날을 기억하라는 것입니다. 우리도 돌이켜 보면 애굽과 같은 시절이 있습니다. 그날을 기억하면서 하나님께 감사하는 삶을 살아야 합니다.

2. 맥추절을 지켜야 합니다(16절).

맥추절을 지키는 이유는 무엇일까요? 그 이유는 수고하여 밭에 뿌린 첫 열매를 거두었기 때문입니다. 그래서 하나님의 은혜를 감사하는 것입니다.

▣ 맥추절을 어떻게 지킵니까? (출 34:22-23)

이스라엘의 성인된 모든 남자는 일 년에 세 번씩 하나님 앞에 보이라고 하였습니다. 일 년에 세 번, 즉 유월절, 맥추절, 장막절에 반드시 하나님 앞에 나가라는 것입니다. 여기에는 신분의 차이가 없습니다. 빈부의 차이도 없습니다. 맥추절은 성령 안에서 모두가 하나 되는 축제의 자리입니다. 그러므로 우리는 주 안에서 하나가 되고 서로 사랑하고 섬겨야 합니다.

■ 맥추절을 지킬 때 어떤 복이 주어집니까?

1. 지경이 넓혀지게 됩니다(출 34:24).

하나님께서 이방나라들을 쫓아내고 지경을 넓혀주시겠다고 약속하고 있습니다. 하나님의 말씀대로 살고 하나님을 위해 헌신하면 반드시 복을 받습니다. 그리고 우리의 믿음의 지경을 넓혀주십니다.

2. 원수의 세력들로부터 보호해 주십니다(출 23:31).

대적들로부터 지켜주시고 보호해주시고 쫓아내주신다고 말씀하고 있습니다. 그러므로 우리는 맥추절을 감사함으로 지켜야 합니다. 그리고 첫 열매를 하나님의 것임을 인정하고 드려야 합니다. 그럴 때 차고 넘치는 약속하신 복을 주실 것입니다(잠 3:9-10).

나눔의 시간

1. 오늘 본문 중에서 가장 인상적인 말씀은 무엇입니까?

....

....

....

2. 왜 그 말씀이 가장 인상적이라고 생각합니까?

....

....

....

3. 한 주간 동안 실천해야 될 말씀은 무엇입니까?

....

....

....

함께 공유할 기도제목

개인	
가정	
교회	
직장	

제28과

감사의 축복

성경: 출애굽기 23:16~17

찬송: 587장 591장

> "맥추절을 지키라 이는 네가 수고하여 밭의 뿌린 것의 첫 열매를 거둠이니라 수장
> 절을 지키라 이는 네가 수고하여 이룬 것을 연말에 밭에서부터 거두어 저장함이니라
> • 네 모든 남자는 매년 세 번씩 주 여호와께 보일지니라"(16~17절).

교회는 일 년에 두 번 특별한 감사절을 지키고 있습니다. 맥추감사절과 추수
감사절입니다. 신약시대는 구약시대처럼 율법적으로가 아닌 복음 안에서 자유
함과 감사함으로 지키고 있습니다. 여기에는 범사에 감사하는 의미가 들어 있
습니다. 맥추절을 칠칠절, 혹은 초실절이라고도 부릅니다. 칠칠절은 7×7=49일
이 지나서 50일째 되는 날이라고 해서 칠칠절이라고 부릅니다. 초실절은 처음
곡식을 거두었다고 해서 초실절이라고 부릅니다.

하나님은 왜 맥추절을 지키라고 하셨을까요? 그것은 하나님께 감사하기 위한
것이었습니다. 모든 농사는 하나님께서 베풀어주신 은혜이기 때문에 그의 은혜
를 기억하면서 감사하라는 것입니다. 산업사회에 살고 있는 우리는 모든 삶속
에서 베풀어주신 하나님의 은혜에 감사해야 합니다. 그렇다면 우리가 맥추감사
절에 무엇을 감사해야 할까요?

구역예배공과

131

1. 구원의 은혜에 감사해야 합니다.

우리에게는 감사할 일이 참 많이 있습니다. 사업이 잘되어서 감사하고, 자녀가 잘되어서 감사하고, 회사에서 승진하는 등의 감사 조건들이 많습니다. 그러나 우리의 가장 근본적인 감사는 구원에 있음을 기억해야 합니다. 죄로 인해서 영원히 죽었던 우리를 구원해 주신 주님의 은혜에 감사하는 것입니다. 찬양 가운데 우리가 늘 부르는 찬양이 있습니다. "날 구원하신 주 감사! 모든 것 주심 감사! 지난 추억 인해 감사! 주 내 곁에 계시네!" 그러므로 우리는 죄로 인해서 영원히 죽었던 우리를 구원해 주신 하나님의 은혜를 기억하며 감사해야 합니다.

2. 베풀어주신 은혜를 감사해야 합니다.

우리는 작은 것에 감사하며 살아야 합니다. 감사는 축복입니다. 디모데전서 4장 4절에서 바울은, 무엇이든지 감사함으로 받으면 버릴 것이 없다고 말씀하고 있습니다. 우리 인생은 버릴 것이 없습니다. 모든 것이 인생의 자원이요, 축복의 재료입니다. 그러므로 우리는 모든 것을 감사함으로 받아야 합니다. 감사로 받으면 축복의 인생이 되는 것입니다. 우리의 고난이나 역경이나 환난도 감사로 받으면 축복이 됩니다.

손양원 목사님은 사랑하는 두 아들이 순교를 당한 이후에 아홉 가지 감사를 드렸습니다. "나 같은 죄인의 혈통에서 순교의 자식이 두 명이나 나오게 하시니 감사합니다!" "나에게 가장 아름다운 두 아들을 바치게 하시니 감사합니다!" "허다한 많은 성도 중에 이런 보배를 주셨으니 감사합니다!" "미국 유학 가려고 준비 중이던 두 아들이 미국보다 더 좋은 천국 가게 하시니 감사합니다!"....

그리고 하나님 앞에 감사헌금을 드렸습니다. "두 아들의 순교를 감사하며, 1만 원. "손양원." 고난 속에서 하는 감사야말로 진정한 감사입니다. 그러므로 우리는 삶속에서 베풀어주신 작은 것에 감사해야 합니다.

3. 감사는 축복임을 기억해야 합니다.

조개 속에 들어 있는 모래알은 조갯살에 고통을 더해 줍니다. 그 고통을 이겨내기 위해서 조개는 분비물을 만들어 냅니다. 그리고 그 분비물이 뭉쳐져서 값비싼 진주 보석으로 탄생하게 된다고 합니다. 고난 속의 감사는 값진 진주 보석과 같은 인격을 만들어 냅니다. 따라서 우리는 고난도 감사하고, 역경도 감사하고, 환난도 감사해야 합니다. 감사는 많이 하면 할수록 축복이 되는 것입니다. 감사는 영혼의 옥토를 만듭니다. 감사가 메마르면 영혼이 고갈됩니다. 그러나 감사가 넘치면 은혜의 홍수를 이룹니다. 감사가 회복되면 모든 것이 회복됩니다.

감사를 방해하는 적이 있습니다. 첫째는 비교의식입니다. 비교의식은 인생의 독소와 같습니다. 둘째는 탐욕입니다. 탐욕은 감사를 갉아먹는 바이러스와 같습니다. 탐욕은 인간의 절제 장치가 고장이 난 것입니다. 셋째는 염려와 두려움입니다. 현재와 미래에 대한 염려와 두려움은 감사를 못하게 만듭니다. 우리가 감사를 잃으면 축복도 잃습니다. 감사는 삶의 행복을 주고 만족을 줍니다. 진정한 감사는 주님으로부터 오는 것임을 잊지 말아야 합니다.

나눔의 시간

1. 본문에서 가장 인상적인 말씀은 무엇입니까?

....

....

....

2. 왜 그 말씀이 가장 인상적이라고 생각합니까?

....

....

....

3. 한 주간 동안 실천해야 될 말씀은 무엇입니까?

....

....

....

<u>함께 공유할 기도제목</u>

개인	
가정	
교회	
직장	

···

제29과

예배의 우선순위

성경: 마태복음 22:34~40

찬송: 15장   38장

"예수께서 이르시되 네 마음을 다하고 목숨을 다하고 뜻을 다하여 주 너의 하나님
을 사랑하라 하셨으니 • 이것이 크고 첫째 되는 계명이요 • 둘째도 그와 같으니 네
이웃을 네 자신같이 사랑하라 하셨으니 • 이 두 계명이 온 율법과 선지자의 강령이니
라"(37~40절).

오늘 본문은 '가장 큰 계명'에 관한 말씀입니다. 예수님은 하나님 사랑이 가장
큰 계명이라고 말씀하십니다. 그리고 둘째 계명은 이웃 사랑이라고 말씀하십니
다. 그리고 구약성경 전체를 압축해서 하나님 사랑과 이웃 사랑으로 말씀하십
니다. 예수님은 하나님을 어떻게 사랑하고 말씀하십니까? 그리고 예배의 우선
순위와 본질은 무엇입니까?

1. 예배의 우선순위로 살아야 합니다.

예수님께서 하나님을 사랑하라는 말씀은 곧 예배의 우선순위를 의미합니다.
예배가 가장 우선순위가 되어야 한다는 것입니다. 우리가 예배를 드린다고 다
예배가 아닙니다. 요한복음 4장에 보면 참된 예배가 있고 거짓 예배가 있습니
다. 진짜 예배가 있고 가짜 예배가 있습니다. 진품 예배가 있고 짝퉁 예배가
있습니다. 가인과 아벨의 사건은 예배 때문에 일어난 사건입니다. 가인의 사건

구역예배공과

은 예배의 실패 때문에 일어난 사건입니다. 예배의 승리자는 삶의 승리자가 되지만, 예배의 실패자는 삶의 실패자가 되고 마는 것입니다. 예배를 잘못 드리면 가인처럼 인생의 실패자가 될 수도 있습니다.

하나님은 어떤 사람을 찾으십니까? 참된 예배자를 찾으십니다. 예수님께서 참된 예배자를 찾으시는 이유는 무엇입니까? 그것은 예배자를 귀하게 보시기 때문입니다. 하나님은 돈과 권력과 명성이 있는 사람을 찾으시는 것이 아닙니다. 참된 예배자를 찾으십니다. 그러므로 우리는 참된 예배자로서 예배에 우선순위를 두고 살아야 합니다.

2. 예배의 본질은 하나님을 만나는 것입니다.

예배의 본질이 무엇입니까? 예배의 본질은 결국 하나님을 만나는 것입니다. 우리가 드리는 찬양, 기도, 말씀 등을 통해서 하나님을 만나야 합니다. 우리가 예배를 드리는데 목숨을 걸고 예배를 드려야 합니다. 예배를 잘못 드리면 시간만 낭비하는 예배가 될 수 있습니다. 이사야 시대에 그런 잘못된 예배가 있었습니다. 하나님은 이사야 선지자를 통하여, "너희의 무수한 제물이 내게 무엇이 유익하뇨!" "나는 숫양의 번제와 살진 짐승의 기름에 배불렀고!" "나는 수송아지나 어린 양이나 숫염소의 피를 기뻐하지 아니하노라!"라고 하셨습니다. 제사의 본질은 제물을 통해서 하나님을 만나는 것입니다. 그런데 이스라엘 백성들은 형식적인 제사를 반복적으로 드렸던 것입니다.

지금 우리의 예배는 어떻습니까? 하나님을 만나고 있는 예배입니까? 기대감이 사라진 예배는 아닙니까? 순서에 따라 진행되는 예배는 아닙니까? 프로그램

화 되어 있는 예배는 아닙니까? 이벤트적인 예배는 아닙니까? 행사를 위한 들러리 예배는 아닙니까? 예배를 드리는 자가 아닌 평가자로 있지는 않습니까? 예배의 본질은 하나님을 만나는 것입니다.

3. 예배에 목숨을 걸어야 합니다.

왜 우리의 삶이 변화되지 않을까요? 그것은 하나님을 만나지 못한 예배가 이루어지고 있기 때문입니다. 하나님을 만나는 예배는 고백과 회개와 결단과 헌신이 이루어집니다. 하나님을 만나는 예배는 매일 축복의 역사가 일어납니다. 따라서 우리는 목숨을 건 예배를 드려야 합니다. 예수님은 첫 번째 계명에서 "마음을 다하고" "목숨을 다하고" "뜻을 다하여" 하나님을 사랑하라고 말씀하십니다. 이웃 사랑은 이웃을 내 몸처럼 사랑하면 됩니다. 그러나 하나님 사랑은 목숨을 걸고 사랑하라고 말씀하십니다.

우리가 하나님을 사랑하는 최고의 표현은 바로 예배입니다. 자식, 돈, 권력 등을 사랑하면 그것은 우상에게 예배하는 것이 됩니다. 사람들은 자기가 사랑하는 대상에게 예배합니다. 따라서 우리는 하나님 사랑 즉 예배가 가장 우선이 되어야 합니다. 한 번의 예배가 우리의 인생을 좌우할 수 있습니다. 요셉은 종의 자리에서도, 죄수의 자리에서도 예배자의 삶을 살았습니다. 그 결과 그의 인생은 축복의 인생이 되었습니다. 그러므로 우리는 예배에 목숨을 건 삶을 살아야 합니다.

나눔의 시간

1. 본문에서 가장 인상적인 말씀은 무엇입니까?

2. 왜 그 말씀이 가장 인상적이라고 생각합니까?

3. 한 주간 동안 실천해야 될 말씀은 무엇입니까?

함께 공유할 기도제목

개인	
가정	
교회	
직장	

제30과
예배자입니까?

성경: 레위기 23:1~3

찬송: 36장 90장

"엿새 동안은 일할 것이요 일곱째 날은 쉴 안식일이니 성회의 날이라 너희는 아무 일도 하지 말라 이는 너희가 거주하는 각처에서 지킬 여호와의 안식일이니라"(3절).

나는 예배자입니까? 예배자는 하나님을 만나는 자를 가리킵니다. 그러나 예배의 행위자는 하나님과 인격적인 만남이 없이 예배의 형식에 참여하는 자를 가리킵니다. 예배의 행위자는 예배에 참석은 하고 있지만 참된 예배는 드리지 못합니다. 그 이유는 무엇일까요? 우리가 어떤 마음의 자세를 가지고 예배를 드려야 할까요? 주일예배와 주중에 이루어지는 예배는 어떤 관계가 있습니까?

1. 주일을 철저하게 지켜야 합니다.

유대인들은 전 세계인구의 0.2% 밖에 되지 않는다고 합니다. 그런데 세계를 주도해가는 두뇌와 탁월함을 가지고 있습니다. 그것은 자녀교육을 학교보다는 부모에게 두고 있으며, 반복교육을 중요시하기 때문이라고 합니다. 예배와 교육과 절기축제 등에 참여하게 함으로써 그들의 정체성을 반복해서 습득하게 하는 것입니다. 반복교육의 힘이 유대인을 탁월한 민족으로 만드는 원천이 된 것입니다. 유대인들은 안식일을 세상과 단절된 채로 철저하게 지키면서 하나님께 온전히 집중을 합니다. 부모가 자녀들이 어렸을 때부터 가르치는 것입니다.

그리고 어렸을 때부터 여호와 유일 신앙을 가르쳐 줍니다. 그리고 하나님의 사랑에 기초한 목숨을 건 예배를 가정에서부터 가르쳐 주는 것입니다.

오늘날 우리 부모님들이 자녀들에게 주일신앙을 가르쳐 주고 있습니까? 주일보다 학업, 성공을 더 중요하게 여기고 있지는 않습니까? 주일예배가 차선은 아닙니까? 우리는 자녀들에게 주일신앙을 전수해 주어야 합니다. 일주일 중에 하루를 온전히 세상과 구별해서 하나님 안에서 쉬고 예배하는 삶이 되도록 가르쳐 주어야 합니다.

2. 주일은 온전하게 쉬는 날입니다.

하나님은 레위기 23장 3절에서 '육일 동안은 일하라"고 말씀하고 있습니다. 우리가 놀고먹는 것은 하나님의 창조질서에 맞지 않습니다. 하나님은 노동의 신성함과 가치를 가르쳐 주고 있습니다. 6일 동안 땀 흘려서 노동하라는 것입니다. 그리고 일곱째 날은 온전하게 쉬라고 명령하십니다. 구약의 안식일은 신약의 주일의 그림자라고 할 수 있습니다. 주일은 구원을 완성하신 예수님을 기념하는 날입니다. 따라서 일주일 중에 하루인 주일은 매우 특별한 날입니다. 그 나머지 6일은 주일 때문에 존재하고 주일 때문에 살아나는 것입니다. 주일과 평일은 예배 안에서 유기적인 조화와 균형을 유지해야 합니다.

주일예배의 가치는 다음 세대에게 물려주어야 할 중요한 영적 유산입니다. 주일예배는 주중예배의 시작입니다. 주일예배를 기점으로 주중에는 삶의 예배가 시작됩니다. 주일과 평일은 구분된 삶이 아니라 예배의 연장선상에 있습니다. 예배는 일주일 단위로 반복됩니다. 반복되는 이 규칙은 삶을 변화시킵니다.

반복은 기적을 낳습니다. 반복되는 예배 속에서 하나님을 만나면 변화가 일어 납니다.

3. 주일예배는 주중예배의 시작입니다.

주일예배는 주중에 이루어지는 예배의 시작입니다. 예배(worship)에는 이런 의미들이 있습니다. 첫째, 예배는 기꺼이 예배를 드리는 것입니다(willingness). 둘째, 예배는 마음을 열고 드리는 것입니다(openness). 셋째, 예배는 안식과 회복이 이루어지는 것입니다(resting). 넷째, 예배는 영으로 드리는 것입니다 (spirit). 다섯째, 예배는 거룩함으로 드리는 것입니다(holiness). 여섯째, 예배는 친밀감으로 드리는 것입니다(intimacy). 일곱째, 예배는 하나님과 대화하는 기 도로 드리는 것입니다(prayer).

우리가 드리는 주일예배는 주중에 이루어지는 예배의 시작입니다. 주중에 예배를 드리다가, 주일예배가 한 주간의 최고의 절정의 예배가 되는 것입니다. 마치 헨델의 '메시아' 중에 '할렐루야' 부분이 클라이맥스인 것처럼, 주일예배는 주중에 이루어지는 예배의 최고의 절정과 같습니다. 따라서 주중예배도 중요하 지만 주일예배는 더 중요합니다. 우리는 평일에 주일을 잘 준비해서 주일예배 가 영적인 클라이맥스(절정)가 되게 해야 합니다. 그럴 때 주일예배는 하나님 앞에서 승리와 축제의 예배가 될 것입니다.

나눔의 시간

1. 본문에서 가장 인상적인 말씀은 무엇입니까?

2. 왜 그 말씀이 가장 인상적이라고 생각합니까?

3. 한 주간 동안 실천해야 될 말씀은 무엇입니까?

함께 공유할 기도제목

개인	
가정	
교회	
직장	

8월

은혜의 신앙생활

- 드리는 예배
- 영과 진리로 드리는 예배
- 반응하는 예배
- 경외감이 있는 예배
- 순종하는 예배

●●●
제31과
드리는 예배

성경: 로마서 12:1~2

찬송: 8장   314장

"그러므로 형제들아 내가 하나님의 모든 자비하심으로 너희를 권하노니 너희 몸을 하나님이 기뻐하시는 거룩한 산 제물로 드리라 이는 너희가 드릴 영적 예배니라"(1절).

예배는 우리의 삶의 가장 중심에 있어야 합니다. 그리고 우리의 삶의 가장 우선순위가 되어야 합니다. 하나님께서 에덴동산에 인간을 창조하시고 예배명령을 주십니다. 그래서 예배자를 찾으시는 것입니다. 그러므로 우리는 참된 예배자가 되어야 하며 목숨을 건 예배자가 되어야 합니다. 예배란 무엇입니까?

1. 예배의 본질은 드리는 것입니다.

예배는 뭔가 얻기 위한 것이 아닙니다. 예배의 본질은 드리는 것입니다. 뭔가를 얻기 위해서 예배를 드린다면 언젠가는 실망하게 될 것입니다. 예배는 우리의 최상의 것을 하나님께 드리는 것입니다. 동방박사들이 먼 이웃나라에서 예수님을 찾아와서 황금과 유향과 몰약을 예물로 드립니다. 그것은 최상의 것을 드리는 예배입니다. 예배는 최상의 가치를 가진 분에게 최상의 것을 드리는 것입니다. 우리의 물질뿐만 아니라 마음과 정성과 시간과 소중한 것을 드리는 것입니다.

구역예배공과

우리가 보통 '예배를 보러 간다!'고 말합니다. 그러나 예배는 보러 가는 것이 아니라 드리러 가는 것입니다. 예배를 보러 가는 것은 구경꾼이 되는 것입니다. 그러나 예배는 우리의 몸과 마음과 생각까지도 드리는 것입니다. 그렇게 드리면 하나님이 우리를 주장해 주십니다. 그리고 예배를 드리고 나면 새로운 역사가 일어납니다. 예배는 거룩한 투자요, 영원한 투자입니다. 예배는 값을 치르는 것입니다. 우리가 드리는 구체적인 표현 가운데 하나는 헌금입니다. 헌금은 단순히 물질을 드리는 것이 아니라 우리의 정성을 드리는 것입니다. 정성을 드릴 때 하나님께서 받으시는 것입니다.

2. 예배는 인간이 드리는 최고의 행위입니다.

바울은 말합니다. "너희 몸을 거룩한 산 제물로 드리라! 이는 너희가 드릴 영적 예배니라!" 제사는 하나님이 기뻐하시는 제물, 거룩한 산 제물로 드리는 것입니다. 구약의 제사는 피를 흘려서 드리는 제사입니다. 구약시대에 죄인들이 제사를 드릴 때 받기 위해 가는 죄인들을 보셨습니까? 흠 없는 짐승을 잡아서 드리러 간 것입니다. 한마디로 구약의 제사는 피비린내 나는 살육 현장입니다. 그래서 드리는 것을 피부로 실감할 수 있는 것이 구약의 제사입니다. '번제'란 말의 히브리어는 '올라'입니다.

히브리어의 '올라'는 '올라간다'는 뜻입니다. 제사는 하나님께 올려드리는 것입니다. 우리가 예배를 드릴 때 하나님께 올라가는 것입니다.

아나니아와 삽비라는 정말 귀한 헌신을 합니다. 자기의 재산을 팔아서 드린다는 것은 정말 귀한 헌신입니다. 그러나 하나님이 보실 때 그 드림은 속이는 드림이었습니다. 진정성이 없는 드림은 하나님이 받지 않으십니다. 예배는 정성을 담은 최상의 것을 드리는 것입니다. 그리고 예배는 인간이 드리는 최고의 행위입니다.

3. 드림의 본질은 깨뜨림입니다.

성경에 보면 한 가난한 과부가 나옵니다. 그 과부는 두 렙돈을 하나님께 드립니다. 렙돈은 한 데나리온의 64분의 1에 해당하는 아주 적은 금액입니다. 그런데 주님은 가장 많은 헌금을 드렸다고 칭찬하십니다. 가난한 과부가 자신의 전 재산인 두 렙돈을 드린 것을 기쁘게 받으신 것입니다. 주님은 드리는 자체보다도 그 중심을 보십니다. 따라서 헌금은 중심을 가지고 최선을 다해 드려야 합니다. 마리아는 자신이 가지고 있는 값비싼 향유를 깨뜨려서 예수님의 발에 부어드립니다. 그것은 곧 자신의 마음을 깨뜨려 드린 것입니다.

제자들은 돈에 가치를 두었습니다. 그러나 마리아는 예수님에게 더 큰 가치를 두었습니다. 드림의 본질은 깨뜨리는 것입니다. 아브라함은 자신의 생명처럼 소중히 여기는 이삭을 하나님께 드립니다. 가장 사랑하는 독자 이삭을 제물로 드린 것입니다. 아브라함은 자신의 최상의 것을 드릴 때 최상의 것으로 돌려받습니다. 하나님은 우리가 드릴 때 가장 좋은 것으로 채워주십니다. 예배는 자신의 최상의 것을 드리는 것입니다. 그리고 드림의 본질은 깨뜨리는 것입니다.

나눔의 시간

1. 본문에서 가장 인상적인 말씀은 무엇입니까?

　　
　　
　　
　　

2. 왜 그 말씀이 가장 인상적이라고 생각합니까?

　　
　　
　　
　　

3. 한 주간 동안 실천해야 될 말씀은 무엇입니까?

　　
　　
　　
　　

함께 공유할 기도제목

개인	
가정	
교회	
직장	

• • •

제32과
영과 진리로 드리는 예배

성경: 요한복음 4:23~24

찬송: 314장 615장

"아버지께 참되게 예배하는 자들은 영과 진리로 예배할 때가 오나니 곧 이때라 아버지께서는 자기에게 이렇게 예배하는 자들을 찾으시느니라 • 하나님은 영이시니 예배하는 자가 영과 진리로 예배할지니라"(23~24절).

예배는 우리의 삶의 가장 중심이 되며 우선순위가 되는 것입니다. 그리고 예배의 본질은 하나님을 만나는 것이며 드리기 위한 것입니다. 따라서 예배는 하나님을 사랑하는 마음을 가지고 목숨을 걸고 드려야 합니다. 그리고 영과 진리로 드려야 합니다. 그렇다면 '영과 진리'로 드리는 예배란 무엇입니까?

1. 살아 있는 예배를 드려야 합니다.

우리는 살아 있는 예배를 드려야 합니다. 예배는 계속적으로 반복이 됩니다. 그래서 시간이 흐르다 보면 형식주의에 빠지기가 쉽습니다. 예배의 본질은 사라진 채로 하나의 습관이 되고, 문화가 되고, 전통이 되고, 율법이 될 수 있습니다. 주기도문이나 사도신경이 하나의 주문처럼 될 수도 있습니다. 따라서 우리는 신앙의 형식주의에 빠지지 않도록 조심해야 합니다. 예배는 우리가 정성으로 준비한 만큼 하나님을 기쁘시게 해드릴 수 있습니다.

구역예배공과

주일예배는 토요일부터 준비를 해야 합니다. 토요일 밤늦게까지 TV를 시청한다거나, 밤늦게 잠자리에 들면 새벽기도는 고사하고 주일예배를 온전히 드릴 수 없습니다. 온전히 주일예배를 드리기 위해서는 옷도 미리 준비를 해놓고, 구두도 닦아놓고, 헌금도 미리 준비를 해놓고, 성경책도 제자리에 준비를 해놓는 것입니다. 그리고 주일날 아침에 일찍 서둘러서 나오는 것입니다. 이것을 율법적으로 지키는 것이 아니라 기쁨과 감사와 자원함과 즐거움으로 지키는 것입니다. 우리는 준비된 예배를 통해서 살아 있는 역동적인 예배를 드려야 합니다.

2. 신앙의 기초로 돌아가야 합니다.

우리의 신앙은 항상 기초로 돌아가야 합니다. 신앙의 가장 기초가 되는 것은 예배입니다. 신앙의 기초가 무너지면 모든 것이 무너지게 됩니다. 그러나 기초가 단단할수록 인생이 흔들림 없이 견고하게 서게 됩니다. 다윗은 예배자의 삶을 살았습니다. 그런데 군사들이 출전한 동안 마음이 게을러지고 예배자의 마음이 무너진 상태에서 간음죄를 짓고 맙니다. 예배가 무너진 것입니다. 그런데 다윗은 무너진 기초를 다시 쌓습니다. 다시 예배자로 돌아간 것입니다. 그래서 하나님과의 관계가 다시 회복이 됩니다.

야곱이 형 에서의 장자권을 빼앗아서 하란으로 도망을 치다가 꿈속에서 하나님을 만납니다. 잠에서 깨어난 야곱이 돌단을 쌓고 기둥을 세우고 서원을 합니다. 이 돌기둥이 하나님의 집이 될 것이라고 서원을 했지만 나중에 야곱이 그 서원을 까마득하게 잊어버립니다. 그런데 가정에 위기가 찾아온 것입니다. 그때 야곱이 온 가족을 데리고 벧엘로 올라가서 제단을 쌓습니다. 예배자로 나아간 것입니다. 그때 하나님이 야곱의 가정을 다시 회복해 주십니다. 그러므로 우리는 항상 신앙의 기초로 돌아가야 합니다.

3. 영과 진리로 예배를 드려야 합니다.

예수님은 요한복음 4장에서 예배하는 자들은 영과 진리로 예배할 때가 온다고 말씀하십니다. 하나님은 영이시기 때문에 영과 진리로 예배를 드려야 한다는 것입니다. 그렇다면 '영과 진리'란 무엇일까요? '영과 진리'는 '성령과 말씀'이라는 뜻보다도 훨씬 더 포괄적인 의미를 내포하고 있습니다. '영과 진리'는 예수님께서 사람의 입장에서 쉽게 이해하도록 사용하신 단어입니다. '영'(in spirit)으로 예배드린다는 것을 로렌스는 이렇게 설명하고 있습니다. "우리의 영혼의 가장 깊은 곳으로부터 우러나오는 겸손하고도 거짓 없는 사랑으로 예배하는 것이다." 즉 영으로 예배를 드린다는 것은 우리의 마음 깊은 곳으로부터 우러나오는 겸손함과 진실함과 사랑으로 예배를 드리는 것입니다.

따라서 우리가 예배를 드릴 때, 첫째는 마음 깊은 곳으로부터 우러나오는 예배를 드려야 합니다. 둘째는 겸손함으로 예배를 드려야 합니다. 셋째는 거짓 없는 진실함으로 예배를 드려야 합니다. 그러므로 우리의 신앙은 항상 기초로 돌아가야 합니다. 그 기초가 바로 예배입니다. 영과 진리로 드리는 예배로 나아가는 것입니다.

나눔의 시간

1. 본문에서 가장 인상적인 말씀은 무엇입니까?

....

....

....

....

2. 왜 그 말씀이 가장 인상적이라고 생각합니까?

....

....

....

3. 한 주간 동안 실천해야 될 말씀은 무엇입니까?

....

....

....

....

함께 공유할 기도제목

개인	
가정	
교회	
직장	

제33과
반응하는 예배

성경: 사무엘하 6:12~15

찬송: 80장   90장

"여호와의 궤를 멘 사람들이 여섯 걸음을 가매 다윗이 소와 살진 송아지로 제사를 드리고 • 다윗이 여호와 앞에서 힘을 다하여 춤을 추는데 그때에 다윗이 베 에봇을 입었더라 • 다윗과 온 이스라엘 족속이 즐거이 환호하며 나팔을 불고 여호와의 궤를 메어 오니라"(13~15절).

교회는 예배가 살아야 모든 것이 살아납니다. 그만큼 예배가 중요한 핵심이 되는 것입니다. 최초의 에덴동산에 예배가 있었습니다. 인간의 삶의 가장 기초가 되는 것이 바로 예배입니다. 따라서 예배는 인생의 가장 기초가 되며 교회의 본질이 되는 것입니다. 예배가 살면 교회 안에 생기의 바람이 불게 됩니다. 그렇다면 예배 가운데 어떤 반응이 있어야 합니까?

1. 예배는 찬양으로 반응하는 것입니다.

엘리 제사장 때에 블레셋에게 빼앗겼던 법궤가 다시 다윗 성으로 돌아옵니다. 법궤는 하나님의 임재를 상징합니다. 그런데 그 법궤를 다윗 성으로 옮길 때, 첫째는 제사장들의 몸을 성결하게 합니다. 둘째는 제사장들이 하나님의 법궤를 어깨에 메고 옮깁니다. 그렇게 법궤를 옮길 때에 아무런 문제가 발생하지 않습니다. 그래서 다윗이 하나님께 감사해서 짐승을 잡아 정성껏 제사를 드립

구역예배공과

니다. 그리고 여호와 앞에서 힘을 다하여 춤을 춥니다. 왕이 베 에봇을 입고 춤을 춘다는 것은 왕의 겸손함을 보여 준 것입니다. 천진난만하게 백성들과 함께 어울려 춤을 춘 것입니다.

이렇듯 예배는 반응하는 예배가 되어야 합니다. 예배 안에 영적인 반응은 매우 중요합니다. 예배는 함께 참여하는 것입니다. 예배는 하나님께서 자기 백성들과 함께 대화하는 시간입니다. 예배 안에서 찬양의 반응은 매우 중요합니다. 우리가 하나님께 반응하는 최상의 반응 가운데 하나는 찬양입니다. 예배는 평가하는 것이 아닙니다. 예배를 귀하게 여겨야 합니다. 예배를 귀하게 여기고 하나님을 영화롭게 하는 자에게 복을 주십니다.

찬양은 히브리어에 '할랄'인데 '자랑하다', '칭찬하다'는 의미가 있습니다. 찬양은 하나님을 칭찬하는 것입니다. 그리고 찬양은 '바라크' 라는 단어가 있는데 '축복하다'는 의미가 있습니다. 찬양의 현장에는 항상 축복이 임합니다. 기쁨과 감사와 은혜와 평강이 임하고 좋은 은사가 임합니다. 이것이 예배자에게 주어지는 축복입니다. 예배는 최상급의 반응으로 하나님 앞에 나아가는 것입니다.

2. 예배는 감사로 반응하는 것입니다.

우리가 하나님께 예배하는데 감사로 반응을 합니다. 우리가 웃을 때 엔돌핀이 나온다고 합니다. 그래서 웃을 때 건강해집니다. 우리의 영적인 상태가 기쁘면 웃음이 나옵니다. 아브라함은 백세가 되어 독자 이삭을 얻었을 때 웃었습니다. 자녀가 귀한 시대에 교회에 베이비붐이 일어나면 기쁨의 웃음이 넘쳐날 것입니다. 우리가 웃을 때에 우리 몸에서 엔돌핀이 나옵니다. 그리고 감동을 받을 때에 다이돌핀이 나온다고 합니다. 다이돌핀은 감동의 호르몬입니다.

그래서 감사는 우리의 삶속에 엄청난 에너지를 발산하게 됩니다. 바울은 "범사에 감사하라"고 가르쳐 주고 있습니다. 시편기자는 이렇게 노래하고 있습니다. "할렐루야 내가 정직한 자들의 모임과 회중 가운데에서 전심으로 여호와께 감사하리로다"(111:1). 시편기자는 여호와께 전심으로 감사하겠다는 것입니다. 예배는 감사로 반응하는 것입니다.

그런데 감사를 방해하는 적이 있습니다. 그것은 원망과 불평입니다. 감사할 조건이 많은데도 불구하고 서로 비교하며 원망하고 불평하는 것입니다. 그러나 우리의 생각을 바꾸면 감사가 됩니다. 감사를 방해하는 또 하나의 적은 마음의 근심입니다. 잠언 기자는 이렇게 교훈합니다. "근심이 사람의 마음에 있으면 그것으로 번뇌하게 되나"(12:25). 마음의 근심은 번뇌하게 만듭니다. 그래서 근심은 감사를 갉아 먹습니다. 우리의 눈이 환경에 고정이 되면 불평과 원망이 나오지만 하나님께 고정이 되면 감사가 나옵니다. 예배는 감사로 반응하는 것입니다. 우리는 예배 가운데서 감사로 반응하며 나아가야 합니다.

나눔의 시간

1. 본문에서 가장 인상적인 말씀은 무엇입니까?

2. 왜 그 말씀이 가장 인상적이라고 생각합니까?

3. 한 주간 동안 실천해야 될 말씀은 무엇입니까?

함께 공유할 기도제목

개인	
가정	
교회	
직장	

제34과

경외감이 있는 예배

성경: 창세기 22:1~14

찬송: 68장 304장

"사자가 이르되 그 아이에게 네 손을 대지 말라 그에게 아무 일도 하지 말라 네가 네 아들 독자까지도 내게 아끼지 아니하였으니 내가 이제야 네가 하나님을 경외하는 줄을 아노라"(12절).

예배에는 하나님에 대한 경외감이 있어야 합니다. 지금 우리 교회가 경외감을 가지고 예배를 드리고 있습니까? 경외감이 사라진 채 너무 가벼운 예배를 드리고 있지는 않습니까? 권위와 품격이 떨어진 예배를 드리고 있지는 않습니까? 진지함이 사라진 예배를 드리고 있지는 않습니까? 하나님을 경홀히 대하고 있지는 않습니까? 오늘 우리의 예배 안에 경외감이 있는지 점검해 보아야 할 것입니다.

1. 아브라함은 하나님을 경외하는 자입니다.

하나님은 아브라함에게 언약의 자손을 약속하셨습니다. 그런데 많은 세월이 흘러도 주시지를 않는 것입니다. 그런데 아브라함이 100세가 되었을 때 독자 이삭을 주십니다. 그렇다면 왜 하나님은 아브라함이 젊었을 때에 아들을 주시지 않고 하필이면 백세가 되었을 때에 주셨을까요? 그 이유는 아들을 주신 분이 하나님이시라는 것을 명백하게 증거해 주시기 위해서 마른 고목나무와 같은

구역예배공과

157

아브라함을 통해 증표로써 아들을 주신 것입니다.

그런데 하나님께서 아들을 번제물로 바치라는 것입니다. 그래서 아브라함이 순종을 하고 모리아 산으로 올라가서 번제를 드립니다. 그때 하나님의 사자가 독자 아들을 죽이려고 하는 아브라함을 멈추게 합니다. 그리고 말하기를 이제야 아브라함이 하나님을 경외하는 줄을 알았다는 것입니다. 하나님께서 아브라함을 시험(test)하신 것입니다. 아브라함이 그렇게 사랑하는 독자 이삭을 드릴 수 있었던 것은 하나님을 경외하는 마음 때문이었습니다. 하나님을 경외하는 마음은 가장 소중한 독자까지라도 하나님께 드릴 수 있는 마음을 갖게 하는 것입니다.

2. 하나님으로부터 오는 경외감이 있습니다.

'경외'라는 단어는 히브리어 '야레'입니다. 그 뜻은 "두려워하다", "무서워하다", "경외하다"입니다. 여기서 경외감은 하나님으로부터 오는 것입니다. 경외감은 공포가 아니라 두려워하는 마음입니다. 두려움에는 두 가지 종류의 두려움이 있습니다. 첫째는 사단으로부터 오는 두려움(afraid)이 있습니다. 사단으로부터 오는 두려움은 공포감에 사로잡히게 합니다. 그것은 사단이 주는 두려움입니다. 둘째는 하나님으로부터 오는 두려움(fear)이 있습니다. 하나님으로부터 오는 두려움은 존경과 경외함이 있습니다. 전능하신 하나님 앞에서 압도당하는 두려움이며, 하나님을 경외하는 경외감 속에서 우러나오는 두려움입니다.

신구약 성경에는 '경외'라는 단어가 약 150회 가까이 나옵니다. 하나님을 경외하면 죄를 짓지 않습니다(출 20:20). 하나님을 경외하는 자에게 치료가 임합니다(말 4:2). 잠언에서는 지식의 근본은 여호와를 경외하는 것이라고 말씀하고 있습니다. 오늘날 우리의 예배가 경외감이 사라진 예배는 아닙니까? 품격과 권위가 사라진 예배는 아닙니까? 예배는 경외감이 있는 예배가 되어야 합니다.

3. 하나님을 경외하는 교회가 되어야 합니다.

사도행전 교회는 주를 경외하는 교회였습니다. "그리하여 온 유대와 갈릴리와 사마리아 교회가 평안하여 든든히 서가고 주를 경외함과 성령의 위로로 진행하여 수가 더 많아지니라"(행 9:31). 사도행전 교회는 성령 받은 공동체로서 사도들이 열심히 복음을 전할 때 평안하여 든든히 서가게 되었습니다. 그리고 교회의 성장이 이루어지게 되었는데 두 가지 요인이 있습니다. 첫째는 성령의 위로가 있었습니다. 성령님이 함께하셔서 용기를 주고 도와주셨던 것입니다. 둘째는 성도들 가운데 두려움으로 주를 경외하는 마음이 있었습니다. 하나님께서 행하신 여러 가지 기사와 표적을 보면서 주를 경외하게 되었던 것입니다.

경외감의 극치는 예수 그리스도의 십자가입니다. 십자가는 기독교 복음의 핵심입니다. 예수님의 십자가 사건이 경외감의 극치를 이루는 이유는 이 세상의 모든 인류의 죄를 해결하고 구원을 이루는 사건이었기 때문입니다. 그러므로 우리는 예배를 드릴 때 하나님을 경외하는 마음을 가지고 예배를 드려야 합니다. 전능하시고 위대하신 하나님 앞에서 두렵고 떨림으로 예배를 드려야 합니다.

나눔의 시간

1. 본문에서 가장 인상적인 말씀은 무엇입니까?

....

....

....

....

2. 왜 그 말씀이 가장 인상적이라고 생각합니까?

....

....

....

3. 한 주간 동안 실천해야 될 말씀은 무엇입니까?

....

....

....

....

함께 공유할 기도제목

개인	
가정	
교회	
직장	

●●●

제35과

순종하는 예배

성경: 사무엘상 13:8~15

찬송: 28장 448장

"이에 내가 이르기를 블레셋 사람들이 나를 치러 길갈로 내려오겠거늘 내가 여호와
께 은혜를 간구하지 못하였다 하고 부득이 하여 번제를 드렸나이다 하니라"(12절).

예배는 순종하는 것입니다. 순종은 우리가 드리는 예배의 최고의 절정입니
다. 그리고 순종은 우리의 삶의 실천적인 부분입니다. 야고보는 행함이 없는
믿음은 죽은 믿음이라고 하였습니다. 행함이 없는 믿음은 죽은 믿음이기 때문
에 실천이 있어야 합니다. 그것이 바로 순종입니다. 성경의 예를 살펴봅시다.

1. 사울이 불순종합니다.

사울 왕이 다스린 지 이 년에 블레셋과 전쟁이 일어나게 되었습니다. 그래서
사울이 군사 삼천 명을 이끌고 블레셋과 대항하여 진을 칩니다. 그런데 블레셋
군대의 전력은 이스라엘 군대보다 훨씬 더 우세하였습니다. 블레셋 군대의 병
거가 삼 만이요, 마병이 육천이요, 보병이 해변의 모래와 같이 많았습니다. 그
광경을 지켜본 이스라엘 군대가 위급함과 절박함을 느끼고 절반 이상이 뿔뿔이
흩어져 숨고 말았습니다. 그런데 제사장 사무엘은 칠 일 동안 기다리라고 했습
니다. 사울 왕은 그런 위급한 상황 속에서 잘 이해되지는 않았지만 일단 하나님
의 뜻에 순종하였습니다.

그런데 사무엘이 정한 기한에 도착하지 않자 백성들이 흩어진 것을 보고 불안하고 초조했던 것입니다. 사무엘은 지체가 되고 군대는 사기를 잃고 흩어졌습니다. 블레셋 군대는 가까이 진을 치고 있는 상황이었습니다. 만약에 우리에게 이와 같은 상황이 닥친다면 어떤 행동을 취할까요? 상황이 긴박할 때는 하나님의 뜻을 따르기보다는 합리적인 방법을 취하지 않을까요? 우리의 위기가 여기에 있습니다. 우리는 순종하는 삶을 살아야 합니다.

2. 사울이 변명을 합니다.

사울 왕이 위급함과 절박한 상황 속에서 그의 인생에 있어서 돌이킬 수 없는 실수를 저지르고 맙니다. 제사장 사무엘이 나타나지 않자 조급한 마음을 가지고 번제물과 화목제물을 가져오라고 명령하고 자신이 직접 번제를 드립니다. 번제는 하나님께 온전한 헌신과 충성을 상징하는 제사입니다. 화목제는 하나님께 대한 감사와 교제를 상징하는 제사입니다. 그런데 왕이 직접 제사를 드린 것입니다. 왕은 직접 제사를 드릴 수 없으며 또한 권한도 없습니다. 왕이 할 일은 백성들이 평안하도록 치리하는 일입니다. 그런데 제사를 직접 드렸다고 하는 것은 직권남용이요, 영적인 교만이요, 제사장에 대한 월권행위요, 하나님의 권위에 도전하는 행위였습니다.

교회는 영적인 질서가 있습니다. 마귀는 무질서를 좋아합니다. 조급한 마음은 하나님의 뜻을 그르치게 만듭니다. 사무엘이 "왕이 행하신 것이 무엇이냐?"고 물었을 때 사울은 변명합니다. 그리고 부득불 번제를 드렸다는 것입니다. 범죄한 행위를 인정하지 않고 오히려 변명하고 자기 합리화를 한 것입니다. 우리는 자신의 잘못을 겸손하게 인정할 줄 알아야 합니다.

3. 순종은 항복하는 것입니다.

제사보다도 중요한 것이 순종입니다. 열정과 헌신보다도 중요한 것은 하나님의 뜻을 따라 사는 것입니다. 우리가 신앙생활을 하면서 본질을 놓쳐서는 안 됩니다. 예배의 본질은 제물이 아니라 순종입니다. 순종이 없는 제물은 아무런 의미가 없습니다. 예배는 조급함으로 드려서는 안 됩니다. 조급하면 하나님의 음성을 듣지 못합니다. 잠잠히 기다려야 하나님의 음성을 들을 수 있습니다. 따라서 예배는 하나님의 마음을 알고 성령 안에서 순종해야 합니다. 순종은 곧 항복하는 것입니다.

전쟁터에서 잡혀오는 포로는 당당하게 걸어오지 못합니다. 두 손을 번쩍 들고 패잔병처럼 걸어오는 것입니다. 그것이 항복입니다. 항복의 사전적인 의미는 "싸움에서 패배한 것을 인정하고 굴복하는 것," "자아를 굽혀 복종하는 것"입니다. 예배는 항복하는 훈련입니다. 내 모든 영역에서 항복하는 것입니다. 찬송가 50장에 "내게 있는 모든 것을(All to Jesus I surrender)"은 주님께 모든 것을 항복한다는 뜻입니다. 그 항복은 기쁨으로 항복하는 것입니다. 항복하면 속박이 아니라 더 큰 기쁨과 풍성함을 누리게 됩니다. 항복은 최고의 순종의 단계입니다. 그러므로 진정한 예배는 하나님의 뜻에 순종함으로 항복하는 것입니다.

나눔의 시간

1. 본문에서 가장 인상적인 말씀은 무엇입니까?

2. 왜 그 말씀이 가장 인상적이라고 생각합니까?

3. 한 주간 동안 실천해야 될 말씀은 무엇입니까?

함께 공유할 기도제목

개인	
가정	
교회	
직장	

9월

제자도의 신앙생활

- 스데반의 순교
- 평신도 일꾼
- 제자로 사는 법
- 세대를 향한 교훈

구역예배공과

제36과

스데반의 순교

성경: 사도행전 7:54~60

찬송: 407장 336장

"그들이 돌로 스데반을 치니 스데반이 부르짖어 이르되 주 예수여 내 영혼을 받으시옵소서 하고 • 무릎을 꿇고 크게 불러 이르되 주여 이 죄를 그들에게 돌리지 마옵소서 이 말을 하고 자니라"(59~60절).

본문에 보면 성령과 지혜가 충만한 사람 헬라파 사람 스데반이 나옵니다. 스데반은 은혜와 권능이 충만한 가운데서 복음을 담대하게 증거한 사람입니다. 예수님을 십자가에 못 박은 사람들을 향해서 돌직구 설교를 한 것입니다. 그런 이유로 그가 공회에 잡혀 갔는데 하늘을 우러러보는 그의 얼굴은 마치 천사의 얼굴과도 같았습니다.

1. 하나님 우편에 서 계신 주님을 바라봅니다.

스데반이 돌직구 설교를 했을 때 이미 스데반은 순교를 직감했습니다. 사람들은 마음에 찔림을 받아서 얼굴이 일그러져 있었습니다. 그리고 살기가 가득한 모습으로 이를 갈았습니다. 그때 스데반은 사람들을 쳐다본 것이 아니라 주님을 바라본 것입니다.

영광에 있는 염산교회 77명의 순교자들은 주님을 믿는 것 때문에 순교를 당했습니다. 6·25 때 남쪽으로 밀고 내려온 공산군들이 후퇴를 할 때 일어났던

구역예배공과

사건입니다. 예수 믿는 사람들을 돌멩이로 꽁꽁 묶어서 영광 앞바다 수문통에 수장시켜 버린 것입니다.

그들은 죽임을 당하면서도 찬송을 불렀습니다. "내 주를 가까이 하게 함은…" "환난과 핍박 중에도…" 이 찬송을 부르면서 마지막 순교의 길을 걸어갔던 것입니다. 염산교회 77명의 성도들은 어른부터 어린아이까지 공산군의 회유와 협박에도 불구하고 마치 스데반처럼 하늘을 쳐다본 것입니다. 그들은 하늘에 소망을 두고 흔들리지 않는 신앙을 가지고 있었습니다. 스데반은 하나님의 영광을 바라보았고 부활 승천하셔서 하나님 우편에 서 계신 주님을 바라본 것입니다. 그래서 담대할 수 있었던 것입니다.

2. 신성모독죄의 적용으로 죽임을 당합니다.

스데반이 열린 하늘 문을 통해서 천상의 세계를 바라봅니다. 그리고 주님께서 하나님 우편에 서 계신 것을 본다고 말할 때에 유대인들이 신성모독 죄를 적용하여 사형을 시킵니다. 그들은 귀를 막고 일제히 스데반을 성 밖으로 이끌어내서 돌로 쳤습니다. 원래 죄인을 사형시킬 때는 정당한 재판 절차를 거쳐서 판결을 내린 후에 사형을 시켜야 했는데 불법적으로 스데반을 죽인 것입니다.

예수님은 산상수훈에서, 의를 위하여 박해를 받는 자는 복이 있으며 천국이 그들의 것이라고 하였습니다. 나로 말미암아 너희를 욕하고 박해하고 거짓으로 너희를 거슬러 모든 악한 말을 할 때는 너희에게 복이 있으므로 기뻐하고 기뻐하라고 하였습니다. 그 이유는 하늘에서 상이 크기 때문이라는 것입니다. 전에 있던 선지자들도 이같이 박해를 받았다는 것입니다. 우리가 의를 위하여 박해를 받으면 천국을 소유하게 됩니다. 스데반의 설교를 들은 사람들은 마음에 찔림을 받았습니다. 그래서 스데반을 죽인 것입니다. 우리는 말씀에 찔림을 받을 때 자신을 돌아보고 겸손히 회개하는 자세가 필요합니다.

3. 기도하는 자세로 순교를 당합니다.

유대인들이 스데반을 향하여 살기가 가득한 자세로 돌로 칠 때 스데반이 부르짖어 기도합니다. "주 예수여, 내 영혼을 받으시옵소서!" 그리고 무릎을 꿇고 기도를 드립니다. "주여, 이 죄를 저들에게 돌리지 마옵소서!" 스데반이 그 기도를 마친 후 잠들어 주님의 품에 안기게 됩니다. 스데반의 기도는 예수님의 십자가상의 기도였습니다. 예수님은 자신을 십자가에 못 박아 죽이는 원수들을 향해서 축복의 기도를 드립니다. 예수님은 "너희 원수를 사랑하며 너희를 핍박하는 자를 위하여 기도하라"고 하셨습니다.

손양원 목사님은 자신의 두 아들을 죽인 원수를 양아들로 삼았습니다. 예수님께서 가르쳐 주신 원수 사랑을 손수 실천하신 것입니다. 사도행전 교회에 영향력을 끼쳤던 스데반은 기독교 역사에 있어서 첫 순교자가 되었습니다. 영광스럽고 빛나는 순교자가 된 것입니다. 스데반의 그 순교의 피가 밑거름이 되어서 교회는 복음의 불꽃으로 활활 타오르게 되었습니다. 그래서 복음이 땅 끝까지 퍼져나갔던 것입니다. 오늘 본문이 우리에게 주는 교훈은 첫째, 환난과 핍박 중에도 우리 성도는 순교적 신앙을 가져야 한다는 것입니다. 둘째는, 성령을 받고 담대하게 복음의 증인이 되어야 한다는 것입니다.

구역예배공과

나눔의 시간

1. 본문에서 가장 인상적인 말씀은 무엇입니까?

....

....

....

....

2. 왜 그 말씀이 가장 인상적이라고 생각합니까?

....

....

....

....

3. 한 주간 동안 실천해야 될 말씀은 무엇입니까?

....

....

....

....

함께 공유할 기도제목

개인	
가정	
교회	
직장	

• • •

제37과

평신도 일꾼

성경: 사도행전 6:1~7

찬송: 211장 320장

"형제들아 너희 가운데서 성령과 지혜가 충만하여 칭찬 받는 사람 일곱을 택하라 우리가 이 일을 그들에게 맡기고 • 우리는 오로지 기도하는 일과 말씀사역에 힘쓰리라 하니"(3~4절).

성경에 나오는 골리앗은 신장이 290cm나 되는 거인입니다. 최근 100년 동안 태어난 사람 중에 의학적으로 확인된 가장 키가 큰 사람은 로버트 페싱 와들로라고 합니다. 그는 미국 일리노이 주에서 1918년에 태어난 사람인데 3.9kg으로 출생을 하여 그가 죽을 때는 272cm이었다고 합니다. 이만한 키면 거인이라고 부를 수 있을 것입니다.

영국의 짐 그레함 목사님은 평신도를 가리켜서 "잠자는 거인(the sleeping giant)"라고 하였습니다. 평신도는 엄청난 잠재력을 가지고 있는 영적인 거인이라는 것입니다. 평신도들이 가진 잠재력은 무엇입니까?

1. 신실한 평신도 일꾼을 세웁니다.

사도행전 교회는 히브리파 과부들의 편파적인 구제 문제 때문에 헬라파 사람들로부터 원망을 듣습니다. 그래서 사도들이 구제 문제를 공평하게 처리하기 위해서 접대하는 일에 매달리게 되자 하나님의 말씀사역에 소홀해진 것입니다.

그래서 신실한 평신도 일꾼들을 세워서 접대하는 일을 맡겼습니다. 효율적으로 복음을 전하고 교회를 운영하기 위해서 평신도 일꾼들을 세운 것입니다.

■ 평신도 일꾼들의 역할이 무엇입니까?

① 평신도는 복음을 전하는 것입니다.

② 목회자와 함께 교회를 운영해 나가는 것입니다.

③ 그리스도의 몸인 교회를 하나 되게 만드는 것입니다.

④ 사랑으로 교회를 섬기는 것입니다.

2. 자격 있는 일꾼을 세웁니다.

■ 평신도 일꾼을 세우는 자격이 무엇입니까?

첫째는, 성령이 충만한 사람입니다.

둘째는, 지혜가 충만한 사람입니다.

셋째는, 칭찬 받는 사람입니다.

3. 역할 분담이 이루어집니다.

교회는 역할 분담이 잘 이루어져야 합니다. 사도들은 오로지 기도하는 일과 말씀사역에 힘썼습니다. 사도들이 할 일은 기도하는 일입니다. 그리고 말씀사역에 전력을 쏟는 것입니다. 이것이 사도들의 주된 사역입니다. 평신도는 접대하는 일과 봉사의 일을 해야 합니다. 그렇게 역할 분담이 잘 이루어질 때 교회가 효율적으로 운영될 수 있습니다.

4. 사역의 좋은 결과를 얻습니다.

① 하나님의 말씀이 점점 왕성하게 됩니다.

하나님의 말씀이 왕성할 수밖에 없었던 이유는, 사도들이 기도와 말씀에 전념했기 때문이고, 평신도들은 구제사역과 봉사사역으로 역할 분담을 잘하였기 때문입니다. 그래서 교회가 더욱더 힘 있게 성장할 수 있었던 것입니다.

② 질적인 성장과 양적인 성장이 이루어집니다.

말씀사역이 잘 이루어지니까 성도 한 사람 한 사람이 건강한 평신도 일꾼으로 세워진 것입니다. 그리고 전도가 이루어진 것입니다. 그래서 질적인 성장과 양적인 성장이 이루어진 것입니다.

③ 제사장의 무리까지도 복음을 받아들이게 됩니다.

하나님의 말씀이 성령의 바람을 타고 얼마나 강력하게 역사하는지 강퍅한 제사장들의 마음까지도 열리게 된 것입니다.

평신도는 '잠자는 거인'입니다. 그러므로 평신도를 깨워서 무한한 잠재력을 발휘하게 해야 합니다. 그리고 함께 교회를 세워나가는 것입니다.

나눔의 시간

1. 본문에서 가장 인상적인 말씀은 무엇입니까?

2. 왜 그 말씀이 가장 인상적이라고 생각합니까?

3. 한 주간 동안 실천해야 될 말씀은 무엇입니까?

함께 공유할 기도제목

개인	
가정	
교회	
직장	

●●●

제38과

제자로 사는 법

성경: 마태복음 5:13~16

찬송: 449장   456장

"이같이 너희 빛이 사람 앞에 비치게 하여 그들로 너희 착한 행실을 보고 하늘에 계신 너희 아버지께 영광을 돌리게 하라"(16절).

예수님은 각종 질병에 걸린 사람들을 치유해 주셨습니다. 그리고 따르는 무리들을 보시고 산에 올라가 앉으셔서 제자들을 가르치셨습니다. 예수님은 제자들을 가르치실 필요를 느끼시고 제자로서 마땅히 살아야 할 제자 도를 마치 산상수련회를 하듯이 가르치신 것입니다. 그렇다면 예수님을 따르는 제자로서 어떻게 살아야 할까요?

1. 세상의 소금으로 살아야 합니다.

예수님은 "너희는 세상의 소금이니"라고 말씀하셨습니다. '소금(salt)'이란 단어는 원래 라틴어인 '살라리움(salarium)'에서 나온 단어입니다. 고대의 병사들은 수고의 대가로 소금을 월급(salary)으로 받았다고 합니다. 그때 당시에는 소금이 아주 귀하게 취급되었습니다. 고대의 소금은 암염이었습니다. 그런데 돌덩어리처럼 생긴 암염에 불순물이 들어가면 그것을 사용할 수 없어서 버리게 되었습니다. 그러면 사람들이 밟고 다녔던 것입니다.

소금의 기능에는 몇 가지가 있습니다. 첫째는 맛을 냅니다. 소금은 들어가지

구역예배공과

175

않는 음식이 없을 정도로 많이 사용됩니다. 우리 그리스도인들은 세상 속에서 맛을 내는 역할을 해야 합니다. 둘째는 부패를 방지하는 역할을 합니다. 바다의 염분도는 약 3.5퍼센트입니다. 그런데 사람들이 그렇게 많은 오염물질을 쏟아 내도 자체 정화작용을 하기 때문에 청결이 유지된다고 합니다. 소금은 희생과 봉사의 삶을 의미하고 있습니다. 우리 그리스도인들은 세상에 소금과 빛으로서 부패를 방지하고 빛을 밝히는 역할을 감당해야 합니다. 그것이 제자의 삶입니다.

2. 세상의 빛으로 살아야 합니다.

예수님은 "너희는 세상의 빛이라"고 말씀하셨습니다. 빛은 어둠을 밝히는 기능을 해줍니다. 빛이 비치면 산 위에 있는 동네가 밝게 비치게 됩니다. 빛은 말(bowl)로 가려 두기 위한 것이 아니라 드러내기 위한 것입니다. 우리 그리스도인들은 암흑과 무지로 덮여 있는 세상에 복음의 빛을 밝게 비쳐야 합니다. 빛이 있는 곳에는 흑암이 물러 갑니다. 예수님은 세상을 비치는 빛으로 오셨습니다(요 1:4~5). 그리고 우리의 영혼을 비치는 빛이 되십니다. 빛이 비치면 어둠이 물러갑니다.

이사야 선지자는 예수님이 오시기 수백 년 전에, 흑암에 앉아 있는 백성들, 사망의 땅과 그늘에 앉은 자들에게 큰 빛이 비칠 것을 예언하고 있습니다. 그 빛은 곧 예수 그리스도의 빛입니다. 예수 그리스도의 빛은 강력한 빛이며 거부할 수 없는 빛입니다. 그 빛이 가장 어두운 곳에 비친 것입니다. 그 빛이 비치면 어둠과 죄악이 드러나고 질병과 저주가 떠나가게 됩니다. 이것이 예수 그리스도의 빛입니다. 그러므로 주님의 제자는 어두운 곳을 비치는 빛의 사명을 감당해야 합니다.

3. 하나님께 영광 돌리며 살아야 합니다.

등불은 됫박으로 가리기 위해서 있는 것이 아닙니다. 만약에 어떤 사람이 등불을 켜서 됫박으로 가려 놓는다면 아마도 그 사람은 어리석은 사람일 것입니다. 예수님은 말씀하시기를 "너희 빛이 사람 앞에 비치게 하여 그들로 너희 착한 행실을 보고 하늘에 계신 너희 아버지께 영광을 돌리게 하라"고 하였습니다. 그렇다면 빛을 비친다는 의미가 무엇일까요? 그것은 곧 우리 그리스도인들의 선한 행실을 의미합니다. 예수님은 우리가 선한 행실을 실천함으로써 하나님께 영광을 돌리기를 원하십니다.

우리가 노숙인들에게 따뜻한 겨울 잠바를 나누어주고 먹을 것을 나누어주는 작은 정성은 선한 행실이 될 것입니다. 사랑의 실천을 통해서 예수님을 전하는 것입니다. 야고보 기자는 교훈하고 있습니다. 헐벗고 있는 형제들에게 일용할 양식을 주는 실천적인 사랑을 통해서 선한 행실을 보이라는 것입니다. 말로만이 아닌 행함으로 실천하라는 것입니다. 우리 그리스도인들이 소금과 빛의 사명을 감당하는 것을 통하여 하나님께 영광을 돌려야 합니다. 그것이 제자의 삶인 것입니다.

나눔의 시간

1. 본문에서 가장 인상적인 말씀은 무엇입니까?

2. 왜 그 말씀이 가장 인상적이라고 생각합니까?

3. 한 주간 동안 실천해야 될 말씀은 무엇입니까?

함께 공유할 기도제목

개인	
가정	
교회	
직장	

•••

제39과

세대를 행한 교훈

성경: 디모데전서 6:17~19

찬송: 338장 421장

"네가 이 세대에서 부한 자들을 명하여 마음을 높이지 말고 정함이 없는 재물에 소망을 두지 말고 오직 우리에게 모든 것을 후히 주사 누리게 하시는 하나님께 두며 •선을 행하고 선한 사업을 많이 하고 나누어주기를 좋아하며 너그러운 자가 되게 하라 •이것이 장래에 자기를 위하여 좋은 터를 쌓아 참된 생명을 취하는 것이니라"(17~19절).

과거에는 중국의 엘리트들이 공산주의 사상에 의해서 움직였다고 합니다. 그런데 자본주의 사상이 유입이 되면서 이제 그들의 생각이 돈에 대한 관심으로 바뀌었다고 합니다. 이제는 외국기업과 같은 대기업에 취직을 해서 돈 버는 것을 선호하게 된 것입니다. 물질과 부에 대한 관심이 점점 높아지게 되었다는 것입니다. 우리는 지금 물질주의적인 영향을 받고 있는 시대에 살고 있습니다. 본문에서 바울은 부자에 대한 경고를 해주고 있는데 크게 두 가지를 교훈해 주고 있습니다.

1. 바울은 '하지 말라'는 교훈을 해줍니다.

무엇을 하지 말라고 교훈해 주고 있습니까? 첫째는, 마음을 높이지 말라고 했습니다. 마음을 높인다는 것은 무슨 뜻입니까? 그것은 거만함을 뜻합니다.

구역예배공과

우리가 마음을 높이면 거만하게 됩니다. 그래서 우리는 마음을 높이지 말고 겸손해야 합니다. 둘째는 재물에 소망을 두지 말라고 했습니다.

재물은 있다가도 없어지고 없다가도 생기는 법입니다. 재물은 흐르며 이 사람에게도 흘러가고 저 사람에게도 흘러갑니다. 왜냐하면 재물을 주관하시는 분이 하나님이시기 때문입니다. 하나님은 재물을 정체시키지 않고 항상 흐르게 하십니다. 그리고 재물은 정함이 없는 것이 특징입니다. 이 세상에서 한 번 부자는 영원한 부자가 아닙니다.

따라서 우리가 궁극적으로 소망을 두어야 할 대상은 정함이 없는 재물이 아니라는 것을 바울은 교훈해 줍니다. 이 땅에 재물을 쌓아두면 좀과 동록이 해치고 도둑이 구멍을 뚫고 도둑질해 갑니다. 그러므로 우리는 정함이 없는 재물에 소망을 두고 살아서는 안 됩니다.

2. 바울은 '하라'는 교훈을 해줍니다.

첫째는, 소망을 하나님께 두라고 하였습니다. 하나님은 우리에게 후히 주시고 누리게 하시는 하나님입니다. 기독교는 지나친 금욕주의도 아니며, 지나친 물질주의도 아닙니다. 하나님은 우리에게 복을 주십니다. 그렇다고 기독교가 기복주의 신앙을 추구하는 것도 아닙니다. 그러나 하나님께서 우리에게 누리게 하실 때는 감사함으로 누리면 되는 것입니다. 바울은 능력 주시는 주님 안에서 비천에 처할 줄도 알고 풍부에 처할 줄 아는 비결을 배웠습니다. 우리는 정함이 없는 재물에 소망을 두고 살아가는 것이 아니라 하나님께 소망을 두고 살아야 합니다.

둘째는, 선을 행하라고 하였습니다. 우리 그리스도인들은 말로만 하는 것이 아니라 실천적인 삶을 살아야 합니다. 우리가 이웃 사랑을 실천하면 최고의 법을 지키는 것입니다.

셋째는, 선한 사업에 부하라고 하였습니다. 미국에 석유 왕이라고 불렸던 록펠러는 자신이 번 돈을 하나님의 선한 사업을 위해 사용했습니다. 수많은 대학 설립과 수천 개의 교회를 지었습니다. 돈이라고 해서 다 똑같은 돈이 아닙니다. 깨끗한 돈이 있고 깨끗한 부자가 있습니다. 우리는 깨끗한 부자가 되어서 선한 사업에 부해야 합니다.

넷째는, 나눠주기를 좋아하라고 하였습니다. 사도행전 교회는 성령의 역사하심을 따라서 서로 나눠주는 교회였습니다. 함께 공동생활을 하고 함께 음식을 나누며, 필요를 나누는 생사고락을 함께 하는 공동체였습니다.

다섯째는, 너그러운 자가 되라고 하였습니다. 남의 처지를 이해하고 기꺼이 교제를 나누는 관대한 사람이 되라는 것입니다. 우리가 물질의 나눔도 중요하지만 마음을 나누는 것도 중요합니다. 교회는 기꺼이 나누어주는 곳입니다.

이런 아름다운 행함은 자기를 위하여 좋은 터를 쌓아 참된 생명을 취하는 것이라고 하였습니다. 하늘에 보물을 쌓는 것입니다. 그러므로 우리는 먼 장래를 준비하며 하늘에 보물을 쌓아두고 믿음의 선한 싸움을 싸우며 영생을 추구하며 살아야 합니다.

나눔의 시간

1. 본문에서 가장 인상적인 말씀은 무엇입니까?

....

....

....

2. 왜 그 말씀이 가장 인상적이라고 생각합니까?

....

....

....

3. 한 주간 동안 실천해야 될 말씀은 무엇입니까?

....

....

....

함께 공유할 기도제목

개인	
가정	
교회	
직장	

10월

전도하는 신앙생활

구역예배공과

제40과
창조주를 기억하라

성경: 전도서 12:1~8

찬송: 575장   308장

"너는 청년의 때에 너의 창조주를 기억하라 곧 곤고한 날이 이르기 전에 나는 아무 낙이 없다고 할 해들이 가깝기 전에 • 해와 달과 별들이 어둡기 전에 비 뒤에 구름이 다시 일어나기 전에 그리하라"(1~2절).

이스라엘의 세 번째 왕인 솔로몬은 매우 지혜로운 왕이었습니다. 하나님께서 그에게 특별한 지혜를 부어주셨습니다. 그래서 지혜롭고 현명하게 백성들을 다스렸던 왕입니다. 그래서 많은 사람들이 솔로몬의 지혜에 대하여 감탄을 하고 그 지혜를 듣고자 하여 솔로몬 왕을 찾아오기도 하였습니다. 솔로몬은 어떤 내용의 글을 남겼습니까?

1. 지혜의 글들을 많이 남겼습니다.

지금도 많은 사람들이 현자(賢者)의 지혜로운 글들을 읽으면서 지혜를 얻고 있습니다. 솔로몬이 청년시절에는 아가서를 기록했습니다. 아가서는 사랑을 노래하고 있습니다. 솔로몬의 젊은 시절은 사랑이 주제였습니다. 솔로몬과 술람미 여인과의 사랑을 통하여 예수 그리스도와 교회와의 사랑의 관계를 나타내주고 있습니다. 중년시절에는 잠언을 기록했습니다. 잠언에는 인간이 살아가는 데 필요한 여러 가지 지혜들을 기록하고 있습니다. 솔로몬이 약 삼천의 잠언을

구역예배공과

말했습니다. 잠언에는 우리 인간이 살아가는데 필요한 실제적인 부분을 다뤄주고 있습니다.

노년시절에는 전도서를 기록했습니다. 전도서는 인간의 허무에 대해서 기록하고 있습니다. 인간이 권력과 명예와 부귀영화를 다 누려 보았지만 허무하다는 것입니다. 그래서 솔로몬이 고백하기를 "헛되고 헛되니 모든 것이 헛되도다"라고 고백했던 것입니다. 솔로몬은 인생의 청년기, 중년기, 노년기에 대한 많은 지혜의 글들을 남겼습니다.

2. 노년기의 현상을 표현하고 있습니다.

노년기에 이르면 어떤 현상이 나타난다고 하였습니까? ① 집을 지키는 자들이 떨릴 것이라고 하였습니다. 손과 발이 떨린다는 것입니다. ② 힘 있는 자들이 구부러질 것이라고 하였습니다. 몸을 지탱하고 있는 다리에 힘이 빠진다는 것입니다. ③ 맷돌소리가 적어진다고 하였습니다. 치아가 약해지고 음식물을 제대로 못 먹는다는 것입니다. ④ 창들로 내다보는 자가 어두워진다고 하였습니다. 노년기가 되면 시력이 떨어져서 앞이 잘 보이지를 않는다는 것입니다. ⑤ 길거리 문들이 닫혀 질 것이라고 하였습니다. 식욕이 떨어져서 입맛이 없어진다는 것입니다. ⑥ 메뚜기도 짐이 된다고 하였습니다. 모든 것이 귀찮아진다는 것입니다. ⑦ 마침내는 인간이 죽음을 맞는다고 하였습니다. ⑧ 그리고 사람이 죽고 난 이후에는 영원한 집으로 돌아가고 조문객들이 왕래를 한다는 것입니다.

이렇게 우리 인생이 허무하다는 것을 솔로몬은 시적으로 표현을 하고 있습니다.

3. 창조주를 기억하라고 교훈해 주고 있습니다.

"너는 청년의 때에 창조주를 기억하라!" "흙은 여전히 땅으로 돌아가고 영은 그것을 주신 하나님께로 돌아가기 전에 기억하라"고 교훈하고 있습니다. 인간은 하나님의 형상대로 지음을 받은 존재입니다. 하나님께서 흙으로 빚어서 만드셨습니다. 그래서 결국은 흙으로 돌아가는 것입니다. 육체는 썩어서 흙으로 돌아갑니다. 그리고 영은 하나님께로 다시 돌아갑니다. 그렇게 인간의 몸이 흙으로 돌아가고, 영이 하나님께로 돌아가기 전에 창조주를 기억하라는 것입니다.

솔로몬은 이렇게 인생을 결론짓고 있습니다. 한마디로 인생이 '헛되고 헛되다'는 것입니다. 인생 자체가 헛된 것이 아니라 하나님이 없는 인생이 헛되다는 것입니다. 그러므로 창조주를 기억하라는 것입니다. 창조주가 어떤 분입니까? 그분은 온 우주만물을 창조하신 전능하신 하나님입니다. 인간을 구원하시기 위하여 예수 그리스도를 보내주신 분입니다. 그리고 누구든지 그를 믿는 자는 구원을 얻는 은혜를 허락해 주셨습니다. 그러므로 우리는 창조자요 구원자이신 창조주를 기억하며 살아야만 합니다.

나눔의 시간

1. 본문에서 가장 인상적인 말씀은 무엇입니까?

_____

_____

_____

2. 왜 그 말씀이 가장 인상적이라고 생각합니까?

_____

_____

_____

3. 한 주간 동안 실천해야 될 말씀은 무엇입니까?

_____

_____

_____

함께 공유할 기도제목

개인	
가정	
교회	
직장	

제41과
교회의 간절한 기도

성경: 사도행전 12:1~10

찬송: 364장 368장

"이에 베드로는 옥에 갇혔고 교회는 그를 위하여 간절히 하나님께 기도하더라… •
이에 첫째와 둘째 파수를 지나 시내로 통한 쇠문에 이르니 문이 저절로 열리는지라
나와서 한 거리를 지나매 천사가 곧 떠나더라(5,10절).

우리의 생애 가운데 순간순간 위기를 맞이할 때가 있습니다. 가정, 결혼, 경
제, 국가 등의 위기를 맞이할 때도 있습니다. 그리고 교회가 위기를 맞이할 때도
있습니다. 위기는 언제 어떻게 닥쳐올지 예측하기가 어렵습니다. 예루살렘교회
도 큰 위기를 맞이하였습니다. 예루살렘교회가 핍박을 받으면서 스데반이 순교
를 당한 것입니다. 이어서 예수님의 제자 야고보까지 헤롯 왕에게 순교를 당하
고 맙니다. 그런데 베드로까지 붙잡혀서 감옥에 갇히게 되고 죽음의 순간이
다가온 것입니다. 그런 위기에 직면한 예루살렘교회 성도들이 어떻게 대처를
하였습니까?

1. 위기 앞에서 기도해야 합니다.

예루살렘교회 성도들이 베드로의 죽음 앞에서 간절히 기도를 드린 것입니다.
중대한 문제일수록 더욱 기도가 필요합니다. 기도는 하늘 문을 여는 열쇠이기
때문입니다. 엘리야의 기도를 통하여 하늘 문이 닫히기도 하고 열리기도 하였

구역예배공과

189

습니다. 베드로는 감옥 속의 쇠사슬에 묶여 있었습니다. 그런 베드로가 보초를 서는 보초병들의 감시 속에서 빠져 나온다는 것은 불가능한 일이었습니다. 그런데 하나님은 불가능을 가능케 하신 것입니다. 하나님은 못하실 것이 없습니다. 하나님은 전능하신 분이시기 때문입니다. 그분은 병든 자도 고치십니다. 죽은 자도 살리십니다. 기적을 베푸십니다. 방법과 전략도 가지고 계십니다. 그러므로 우리는 전능하신 하나님을 믿고 기도하며 나가야 합니다.

2. 기도하면 천사가 도와줍니다.

베드로가 붙잡혀서 감옥에 갇혀 있을 때 하나님이 천사를 보내주십니다. 그때 홀연히 주의 사자가 나타납니다. 여기서 주의 사자는 하나님께서 부리시는 천사이며 하나님의 심부름꾼입니다. 하나님은 그의 천사를 바람으로, 그의 사역자들을 불꽃으로 삼으셔서 신속한 임무를 수행하십니다. 그러므로 우리는 어떤 위기 앞에서 염려하거나 두려워할 필요가 없습니다. 우리가 기도할 때 하나님이 천사를 보내셔서 도와주시기 때문입니다.

3. 기도하면 닫힌 문이 열립니다.

천사가 베드로에게 말합니다. "띠를 띠라!" "신발을 신으라!" "겉옷을 입고 나를 따라오라!"고 하였습니다. 베드로는 자다가 천사에게 이끌려서 나갔습니다. 그런데 그것이 실제 상황인지, 환상인지 구분이 잘 가지 않았던 것입니다. 베드로가 천사의 인도함을 받아서 첫째 파수를 지나고 둘째 파수를 지났습니다. 그리고 시내를 통한 쇠문에 이르렀을 때에 문이 저절로 열렸습니다. 그리고 천사는 베드로를 안전한 곳까지 안내해 준 다음에 자기의 임무를 마치고 베드로 곁을 떠났습니다. 위기 앞에서 예루살렘교회가 기도했더니 문이 저절로 열려버린 것입니다. 기적이 일어난 것입니다.

  우리가 기도할 때 닫힌 문이 저절로 열리게 됩니다. 가정의 문이 열리고, 자녀의 문이 열리고, 재정의 문이 열리게 됩니다. 믿음의 문이 열리고, 기도의 문이 열리고, 전도의 문이 열리게 됩니다. 베드로는 예루살렘교회 성도들의 간절한 기도를 통하여 위기를 모면하게 됩니다. 이와 같이 교회의 영적 지도자는 성도들의 기도를 먹고 사는 것입니다. 그러므로 우리는 교회의 영적 지도자들을 위해 기도해야 합니다.

나눔의 시간

1. 본문에서 가장 인상적인 말씀은 무엇입니까?

....

....

....

2. 왜 그 말씀이 가장 인상적이라고 생각합니까?

....

....

....

3. 한 주간 동안 실천해야 될 말씀은 무엇입니까?

....

....

....

함께 공유할 기도제목

개인	
가정	
교회	
직장	

• • •

제42과

선교의 열정

성경: 사도행전 1:8

찬송: 495장 505장

"오직 성령이 너희에게 임하시면 너희가 권능을 받고 예루살렘과 온 유대와 사마리아와 땅 끝까지 이르러 내 증인이 되리라 하시니라"(8절).

하나님께서 교회 가운데 새 일을 행하시기 위해서는 선교의 열정이 있어야 합니다. 사도행전은 새 시대를 여는 입문과도 같습니다. 유대인에게서 이방인에게로, 유대주의에서 기독교로, 유대에서 땅 끝까지, 율법에서 은혜로 전환되는 과정을 보여 주고 있습니다. 앞으로 이루어질 세계선교의 청사진을 보여 주고 있습니다. 그렇다면 세계선교가 이루어지기 위해서는 어떻게 해야 될까요?

1. 성령을 받아야 합니다.

세계선교의 열쇠는 바로 성령입니다. 세계선교는 성령이 임할 때 열려지게 됩니다. 그리고 성령이 없이는 세계선교는 불가능합니다. 왜냐하면 복음이 로마제국이라고 하는 단단한 벽을 깨고 나가야만 전 세계로 뻗어나갈 수 있기 때문입니다. 그리고 성령이 아니고서는 구원의 역사는 이루어지지 않기 때문입니다. 그래서 예수님은 누가복음에서 성령을 받을 때까지 예루살렘을 떠나지 말고 기다리라고 하셨던 것입니다. 그런데 오순절에 성령이 바람같이! 불같이!

강력하게 임하였고 거기에 모여 있던 제자들에게 성령이 임하게 되었습니다. 그리고 성령이 앞서 가서서 선교의 문을 열어주신 것입니다. 선교는 성령을 받아야만 가능한 일입니다.

2. 권능을 받아야 합니다.

8절에 보면 '권능을 받으라'고 하였습니다. 권능이란 말은 하나님으로부터 오는 인격적인 힘 혹은 초월적인 하나님의 능력을 가리킵니다. 따라서 권능을 받으라는 말씀은 하나님의 능력을 힘입으라는 뜻입니다. 하나님은 예수님께 성령과 능력을 기름 붓듯 부어주셨습니다(행 10:38). 그리고 천국복음을 전파하시고, 병든 자를 일으키시고, 마귀에게 눌린 자를 고쳐주셨습니다. 하나님께서 부어주신 성령의 권능을 가지고 능력 있는 사역을 감당하셨던 것입니다. 그리고 제자들에게 성령의 능력을 부어주셨습니다(마 10:1). 예수님께서 열두 제자를 부르시고 권능을 부어주시고 능력 있는 사역을 감당하게 하셨습니다.

베드로는 오순절에 성령을 받고 성령으로 충만하여 복음을 전했는데 삼천 명이 예수를 믿게 되었습니다. 스데반은 성령으로 충만한 가운데서 기사와 표적을 행하며 담대하게 복음을 전하다가 돌에 맞아 순교를 당했습니다. 따라서 세계선교는 성령의 권능을 받아야 가능합니다. 어떻게 성령을 받을 수 있습니까? 첫째는 회개해야 합니다. 둘째는 사모해야 합니다. 셋째는 믿음으로 받는 것입니다.

3. 땅 끝까지 복음을 전해야 합니다.

예수님은 마태복음에서 세계선교의 방법을 가르쳐 주십니다. "가서 건물지어라!" "가서 교파를 전하라!" "가서 문화를 전하라!"고 말씀하지 않으시고 "가서 모든 민족을 제자로 삼으라"(마 28:19)고 하셨습니다. 가서 세례를 베풀고 가르쳐 지키게 하여 제자를 삼으라는 것입니다. 사도행전에서는 세계선교의 범위를 가르쳐 주고 있습니다. 그 범위가 예루살렘과 온 유대와 사마리아와 땅 끝까지 입니다. 땅 끝은 아직도 복음이 미치지 않은 미전도 지역입니다. 우리는 땅 끝까지 가서 복음을 전파해야 합니다.

2012년 한국세계선교협의회(KWAMA)가 발표한 자료에 의하면 작년 말, 현재 169개국에 선교사가 파송되어 있으며, 한국 교회에서 파송된 선교사는 2만 5,665명이라고 합니다. 그리고 2030년까지 전 세계 미개척 지역에 한국선교사 10만 명을 파송할 계획이라고 합니다. 독일의 선교신학자인 피터 바이엘 하우스는 "선교는 하나님의 구원계획을 이루는 도구다!"라고 말했습니다. 선교는 하나님의 구원계획을 이루는 도구입니다. 따라서 선교는 주님의 명령이며 또한 우리의 사명이기도 합니다. 그러므로 우리는 선교의 열정을 가지고 함께 선교에 동참해야 합니다.

나눔의 시간

1. 본문에서 가장 인상적인 말씀은 무엇입니까?

....

....

....

2. 왜 그 말씀이 가장 인상적이라고 생각합니까?

....

....

....

3. 한 주간 동안 실천해야 될 말씀은 무엇입니까?

....

....

....

함께 공유할 기도제목

개인	
가정	
교회	
직장	

● ● ●

제43과

생명의 언어

성경: 마가복음 5:35~43

찬송: 407장 363장

"예수께서 그 하는 말을 곁에서 들으시고 회당장에게 이르시되 두려워하지 말고
믿기만 하라 하시고… •그 아이의 손을 잡고 이르되 달리다굼 하시니 번역하면 곧
내가 네게 말하노니 소녀야 일어나라 하심이라"(36, 41절).

지금 우리 주변을 둘러보면 죽음과 같은 상황들이 여기저기서 벌어지고 있습
니다. 잇따라 일어나는 유명 연예인들의 자살 사건들, 세계 금융시장이 요동치
는 소식들, 세월호 사건으로 수백 명이 희생되었다는 소식도 들려 옵니다. 이런
죽음과 같은 현실 속에서 우리가 어떻게 살아야 할까요?

1. 내 딸을 살려 주세요.

예수님께서 배를 타시고 디베랴 바다 건너편 가버나움으로 가십니다. 그곳은
베드로의 고향이기도 합니다. 그때 회당장인 야이로가 예수님께 달려와서 발아
래 엎드려 간곡히 간구를 드립니다. 회당장이라는 자신의 지위와 체면을 무시
한 채 믿음과 겸손함으로 나온 것입니다. "예수님! 내 어린 딸이 죽게 되었습니
다!" "빨리 오셔서 살려주세요!" 그렇게 간구를 드린 것입니다. 열두 살 먹은
사랑하는 딸이 사경을 헤매고 있다는 것입니다.

구역예배공과

그렇게 예수님께 간구를 드리고 있는 사이에 회당장의 사환이 급히 달려와서 소식을 전하였습니다. "당신의 딸이 죽었습니다!" "이제 당신의 딸이 죽었기 때문에 더 이상 예수님을 괴롭힐 필요가 없습니다!" 이제 죽은 사람을 위해서 구해 봐야 소용이 없다는 것입니다. 회당장의 사환은 생명의 언어가 아닌 현실에 묶인 언어를 사용한 것입니다.

2. 두려워 말고 믿기만 하라.

예수님께서 회당장의 사환의 말을 들으시고 생명의 언어를 사용하십니다. "두려워하지 말고 믿기만 하라!" 죽음과 같은 상황 속에서 우리가 취해야 할 자세는 무엇입니까? 첫째는, 두려워하지 않는 자세입니다. 둘째는, 믿음을 취하는 자세입니다. 우리는 두려워하지 말고 담대해야 합니다. 항상 믿음의 자세를 취하고 살아야 합니다. 예수님은 장례를 치르는 집에서도 생명의 언어를 사용하십니다. "이 아이가 죽은 것이 아니라 잔다"라고 말씀하십니다.

우리의 말 한마디가 중요합니다. 우리가 사용하는 언어가 인생을 바꾸어 놓을 수 있기 때문입니다. 언어는 습관입니다. 그러므로 우리는 창조적인 언어를 사용해야 합니다. 빛된 언어를 사용하고, 소망적인 언어를 사용하고, 믿음의 언어를 사용해야 합니다. 그리고 생명의 언어를 사용해야 합니다. 예수님은 항상 생명의 언어를 사용하셨습니다.

3. 소녀야 일어나라.

예수님은 죽은 회당장의 딸 곁에서, 첫째는 죽은 소녀의 손을 잡았습니다. 예수님께서 죽은 소녀의 손을 잡았다는 것은 기적을 일으키시겠다는 행동입니다. 생명의 손이 맞닿을 때 생명의 역사가 일어나는 것입니다. 기도는 하나님과 내가 손을 맞잡는 것입니다. 나의 절망의 손을 내밀어서 하나님의 생명의 손을 붙잡을 때 기적이 일어나는 것입니다. 둘째로 예수님은 생명의 언어를 선포하십니다. 소녀의 손을 잡고 "달리다굼"(taliqa kou'm) 외쳤습니다. 달리다굼은 "소녀야 일어나라"는 뜻입니다.

당신은 지금 죽음과 같은 상황 속에 놓여 있습니까? 절망적인 상황 속에 놓여 있습니까? 포기하고 싶은 상황 속에 놓여 있습니까? 우울증에 시달리고 있습니까? 자살하고 싶은 충동을 느끼고 있습니까? 우리는 우울증이나 자살의 충동을 거부해야 합니다. 예수님의 생명의 손, 기적의 손을 붙잡아야 합니다. 성령으로 충만해야 합니다. 예수님처럼 생명의 언어를 선포함으로 생명의 역사를 일으키는 통로가 되어야 합니다.

나눔의 시간

1. 본문에서 가장 인상적인 말씀은 무엇입니까?

_____

_____

_____

_____

2. 왜 그 말씀이 가장 인상적이라고 생각합니까?

_____

_____

_____

_____

3. 한 주간 동안 실천해야 될 말씀은 무엇입니까?

_____

_____

_____

_____

함께 공유할 기도제목

개인	
가정	
교회	
직장	

11월

감사하는 신앙생활

- 여호와를 신뢰하라
- 항상 기뻐하라
- 감사하는 신앙
- 그리스도의 마음
- 오병이어의 기적

제44과
여호와를 신뢰하라

성경: 이사야 26:3~4

찬송: 570장 569장

"주께서 심지가 견고한 자를 평강하고 평강하도록 지키시리니 이는 그가 주를 신뢰함이니이다 • 너희는 여호와를 영원히 신뢰하라 주 여호와는 영원한 반석이심이로다"(3~4절).

여자의 마음은 갈대와 같다는 말이 있습니다. 그러나 사실 남자의 마음도 갈대와 같이 흔들립니다. 지금 세상은 상황과 환경의 변화 때문에 사람들의 마음이 흔들리고 있습니다. 세계의 증시도 폭락하고 환율이 치솟는 등, 요동을 치고 있습니다. 세상이 요동치는 예측 불가능한 불확실성의 시대에 우리가 살고 있습니다. 이렇게 요동치는 세상 속에서 우리 그리스도인들이 어떤 마음의 자세를 가지고 살아야 할까요?

1. 심지가 견고해야 합니다.

심지가 견고하다는 것은 마음의 확고부동함을 의미합니다. 어떤 상황 속에서든지 흔들리지 않는 것을 의미합니다. 그렇다면 이런 확고부동함이 어디서 나올까요? 확고부동함은 하나님을 신뢰하는데서부터 오는 것입니다. 다윗은 사울 왕에게 쫓겨 다닐 때 그의 마음을 하나님을 향하여 확정하고 확정하였습니다 (시 57:7). 그의 마음을 하나님께 고정시킨 것입니다. 우리가 주일을 지키는 것도 마음의 확정함이 있어야 합니다. 십일조를 드리는 것도 마음의 확정함이 있어야 합니다. 교회를 섬기는 것도 마음의 확정함이 있어야 합니다. 우리의 마음을 하나님께 고정을 시키면 어떤 고난도 이길 수 있습니다. 우리의 마음을 십자가에 고정시키면 어떤 상황이나 환경도 극복할 수 있습니다. 그러므로 우리는 마음을 하나님께 고정시키고 심지가 견고한 중심을 가지고 살아야 합니다.

2. 참된 평강을 가져야 합니다.

심지가 견고한 사람에게는 참된 평강이 주어집니다. 왜냐하면 심지가 견고한 사람은 상황과 환경에 따라 요동치 않기 때문입니다. 예수님은 그의 제자들에게 참된 평안을 주신다고 하였습니다(요 14:27). 세상이 주는 평안은 일시적인 것입니다. 그러나 주님이 주시는 평안은 영원한 것입니다. 주님의 평강은 우리가 이 세상을 살아가는데 강력한 무기가 됩니다. 즉 세상을 정복하는 무기가 되는 것입니다. 바울은 우리가 염려하지 않고 기도와 간구로 구할 것을 감사함으로 구할 때 하나님의 평강이 우리 마음과 생각을 지키신다고 하였습니다(빌 4:6-7). 성령의 능력으로 덧입은 사람은 심지가 견고합니다. 그리고 어떤 상황과 환경에서도 쉽게 흔들리지 않습니다. 그 안에 참된 평강이 있기 때문입니다.

3. 여호와를 신뢰해야 합니다.

"너희는 여호와를 영원히 신뢰하라 주 여호와는 영원한 반석이심이로다"(4절). 다윗은 사울 왕에게 쫓겨 다니는 절박한 상황 속에서 이렇게 고백합니다. "너희는 여호와를 영원히 신뢰하라!" 우리가 왜 하나님을 신뢰해야 합니까? 그 이유는 하나님은 우리의 영원한 반석이시기 때문입니다. 시편에는 반석이신 하나님을 노래하고 있습니다. "여호와는 나의 반석이시요"(시 18:2). 신약성경에는 예수 그리스도를 반석이라고 하였습니다. 예수 그리스도는 반석이십니다. 여호사밧 왕은 이웃나라 연합국의 공격 앞에서도 하나님만을 신뢰하고 흔들리지 않는 믿음을 가지고 나갔습니다. 그때 하나님께서 여호사밧을 형통케 해주셨습니다.

미국의 백화점 왕 워너메이커는 "기도는 하나님과 손을 잡는 것이다!"고 하였습니다. 기도는 하나님과 동역하는 것입니다. 그러므로 우리는 하나님을 신뢰하며 그분의 손을 붙잡고 살아가야 합니다. 불확실한 시대 속에 살고 있는 우리는 첫째, 심지를 견고하게 해야 합니다. 둘째는, 참된 평강을 가지고 살아야 합니다. 셋째는 하나님을 신뢰하며 살아야 됩니다. 그럴 때 형통한 삶이 주어지게 될 것입니다.

나눔의 시간

1. 본문에서 가장 인상적인 말씀은 무엇입니까?

....

....

....

....

2. 왜 그 말씀이 가장 인상적이라고 생각합니까?

....

....

....

....

3. 한 주간 동안 실천해야 될 말씀은 무엇입니까?

....

....

....

....

함께 공유할 기도제목

개인	
가정	
교회	
직장	

●●●

제45과

항상 기뻐하라

성경: 빌립보서 4:4~7

찬송: 430장 434장

"주 안에서 항상 기뻐하라 내가 다시 말하노니 기뻐하라 • 너희 관용을 모든 사람에게 알게 하라 주께서 가까우시니라 • 아무것도 염려하지 말고 다만 모든 일에 기도와 간구로 너희 구할 것을 감사함으로 하나님께 아뢰라 • 그리하면 모든 지각에 뛰어난 하나님의 평강이 그리스도 예수 안에서 너희 마음과 생각을 지키시리라"(4~7절).

빌립보서는 사도 바울이 복음을 전하다가 로마 감옥에 갇혀서 기록한 옥중서신입니다. 옥중서신은 네 개의 서신으로 되어 있습니다. 에베소서, 빌립보서, 골로새서, 빌레몬서입니다. 빌립보서의 주제는 기쁨입니다. 바울은 옥중에서 자신이 처한 처지에 대하여 낙심하지 않고 오히려 기뻐하였습니다. 그리고 빌립보교회 성도들을 향하여 기뻐하라고 격려했던 것입니다. 올림픽에서 선수들이 금메달을 획득한 기쁨은 순간적인 기쁨입니다. 바울은 빌립보서에서 항상 기뻐할 수 있는 방법을 가르쳐 줍니다. 그렇다면 우리가 항상 기뻐할 수 있는 방법은 무엇일까요?

1. 관용을 베풀어주는 것입니다.

관용(gentleness)이란 말은 온유하고, 친절하고 관대한 것을 말합니다. 관용은 손해를 끼치는 자에게 용서를 베풀어주는 것입니다. 박해하는 자에게 온유함으로 대해 주는 것이고, 힘들고 까다롭게 대하는 자에게 친절과 따뜻함으로 대해 주는 것입니다. 관용의 정신은 예수님의 정신과 같은 것입니다. 마태복음 5장에서 예수님은 반대정신을 말씀하고 있습니다. 원수를 사랑하라! 박해하는 자를 위하여 기도하라! 악한 자를 대적하지 말라! 속옷을 가지고자 하는 자에게 겉옷까지도 주라! 억지로 오 리를 가게 하는 자에게 십 리까지 동행해 주라! 이것이 예수님의 반대정신입니다. 스데반과 손양원 목사님과 같은 분들은 예수님의 반대정신을 실천한 분들입니다.

▣ 그렇다면 관용을 베풀어야 될 이유가 무엇일까요?

주님의 재림이 가까웠기 때문입니다. 주님의 재림 때에 우리의 모든 선악이 다 드러나기 때문에 관용하라는 것입니다. 그러므로 우리는 서로 용서하고 서로 사랑하며 서로 관용을 베풀어야 합니다. 그럴 때 우리의 마음속에 기쁨이 넘쳐나게 될 것입니다.

2. 아무것도 염려하지 않고 기도하는 것입니다.

모든 염려를 하나님께 맡기고 기도하는 것입니다. 언제 염려가 생깁니까? 세상을 향해 눈을 돌릴 때 염려가 생깁니다. 그러나 주님께 시선을 고정시킬 때 염려가 사라지게 됩니다. 베드로가 예수님께 시선을 고정시키고 믿음으로 나갈 때 물 위를 걸을 수 있었습니다. 그러나 풍랑을 바라보고 두려워했을 때 바다 속으로 빠져 들어가게 되었습니다. 우리가 세상을 향해 눈을 돌릴 때 걱정과 염려와 근심이 생깁니다. 그러므로 우리는 시선을 예수님께 고정시켜야 합니다. 그리고 아무것도 염려하지 말고 기도해야 합니다. 그러면 기쁨이 주어지게 될 것입니다.

■ 그렇다면 우리의 기도에 꼭 필요한 요소가 무엇일까요?

그것은 감사입니다. 기도에는 반드시 감사의 요소가 있어야 합니다. 기도에 감사가 없으면 기도를 빙자한 원망과 불평과 푸념이 될 수 있기 때문입니다. 그러므로 기도에는 반드시 감사의 요소가 있어야 합니다.

■ 감사로 기도를 드릴 때 주어지는 결과는 무엇일까요?

감사로 기도할 때 하나님의 평강이 주어집니다. 하나님의 평강이 마음속 깊은 곳에 자리잡게 됩니다. 평강은 하나님께 맡기고 기도한 결과로 주어집니다. 따라서 믿음으로 사는 사람에게는 항상 평강의 복이 주어집니다. 그러므로 우리는 다른 사람에게 관용을 베풀며 살아야 합니다. 모든 염려를 주님께 맡기며 살아야 합니다. 그럴 때 기쁨이 넘쳐나게 될 것입니다.

나눔의 시간

1. 본문에서 가장 인상적인 말씀은 무엇입니까?

_____

_____

_____

2. 왜 그 말씀이 가장 인상적이라고 생각합니까?

_____

_____

_____

3. 한 주간 동안 실천해야 될 말씀은 무엇입니까?

_____

_____

_____

함께 공유할 기도제목

개인	
가정	
교회	
직장	

●●●

제46과

감사하는 신앙

성경: 데살로니가전서 5:18

찬송: 589장 591장

"범사에 감사하라 이것이 그리스도 예수 안에서 너희를 향하신 하나님의 뜻이니라"(18절).

추수감사절의 유래를 살펴보면 참 눈물겹고 감동이 되는 사건들이 많이 있습니다. 영국에서 신앙의 박해를 받던 청교도들(Puritan)이 신앙의 자유를 찾아 홀란드로 떠났다가 다시 영국으로 돌아갔지만 받아주지 않자 새로운 정착지를 향해 이주한 곳이 바로 미국입니다. 미국에 도착한 청교도들은 힘겹게 농사를 지은 수확물을 가지고 하나님께 감사를 드렸습니다. 그리고 인디언 원주민들을 초청하여 음식을 나누어 먹었던 것이 추수감사절의 유래가 되었습니다. 청교도들이 추수감사절을 지킬 수 있었던 것은 성경에 나오는 초막절을 알고 있었기 때문입니다.

1. 하나님의 성품에 감사해야 합니다.

성경에는 하나님의 성품에 대하여 기록하고 있습니다. 성경에는 창세기부터 하나님의 성품들이 가득 들어 있습니다. 시편 136편에도 하나님의 성품들이 잘 드러나 있습니다. "여호와께 감사하라 그는 선하시며 인자하심이 영원함이로다"(1절). 하나님은 선하시며 인자하신 분입니다. 왜 우리가 감사해야 할까요? 그 이유는 그분의 성품이 선하시기 때문입니다. 그리고 그 인자하심이 영원하시기 때문입니다.

우리 하나님은 선하신 분입니다. 하나님은 악한 것이 없는 분입니다. 그래서 그분의 선하신 성품에 따라서 자신의 형상대로 인간을 창조하시고 복을 주셨습니다. 그리고 하나님의 인자하심은 영원하십니다. 하나님의 인자하심은 인내심을 가진 사랑을 의미합니다. 하나님의 사랑은 끝이 없습니다. 그러나 인간의 사랑은 유한하고 불완전하며 절대적이지 않습니다. 인간은 서로 필요하기 때문에 사랑하는 지극히 상대적인 존재입니다. 그러나 우리 하나님의 선하심과 사랑은 영원합니다. 우리는 그 하나님의 성품에 감사해야 합니다.

2. 구원의 은혜에 감사해야 합니다.

우리는 주님께서 베풀어주신 구원의 은혜에 감사해야 합니다. 죄값으로 인하여 영원히 죽을 수 밖에 없는 우리를 살려주신 하나님의 은혜에 감사해야 합니다. 로마서 6장에 말씀하고 있습니다. "죄의 삯은 사망이요 하나님의 은사는 그리스도 예수 우리 주 안에 있는 영생이니라"(23절). 우리 인간이 지은 죄 값은 죽음입니다. 그러나 하나님의 선물은 그리스도 예수 우리 주 안에 있는 영생입니다. 하나님은 죄로 인해서 영원히 죽을 수 밖에 없는 우리에게 하나님의 선물을 주셨는데 그것이 바로 영생입니다. 하나님이 우리에게 영생을 주신 것입니다.

요한복음 3장에서 주님은 위대한 메시지를 주십니다. "하나님이 세상을 이처럼 사랑하사 독생자를 주셨으니 이는 그를 믿는 자마다 멸망하지 않고 영생을 얻게 하려 하심이라"(16절). 하나님이 인류를 사랑하셨습니다. 그래서 독생자를 이 세상에 보내주셨습니다. 그리고 누구든지 그를 믿는 자는 멸망하지 않고 영생을 얻은 은혜를 허락해 주셨습니다. 그러므로 우리는 구원의 은혜를 주신 주님께 감사해야 합니다.

3. 모든 것에 대하여 감사해야 합니다.

우리는 범사에 감사해야 합니다. 데살로니가전서 5장에서 말씀하고 있습니다. "범사에 감사하라 이것이 그리스도 예수 안에서 너희를 향하신 하나님의 뜻이니라"(18절). 범사에 감사하는 것은 모든 것에 대하여 감사하라는 뜻입니다. 그리고 모든 상황에 대하여 감사하는 것입니다. 바울처럼 감옥에 갇혀도 감사하는 것입니다. 물질에 손해를 봐도 감사하고, 대학에 떨어져도 감사하고, 사업에 부도가 나도 감사하고, 건강을 잃어도 감사하고, 고난을 당해도 감사하는 것입니다. 모든 상황과 환경에 대해서 감사하는 것입니다. 범사에 감사하는 것은 하나님의 뜻이라고 하였습니다.

우리가 하나님의 뜻대로 살기를 원한다면 감사해야 합니다. 불평하는 것은 하나님의 뜻이 아닙니다. 존 밀러는 "사람이 얼마나 행복한가는 그의 감사의 깊이에 달려 있다"고 했고, 발레리 앤더슨은 "감사는 결코 졸업이 없다!"고 말했습니다. 시편 50편 23절에는 "감사로 제사를 드리는 자가 나를 영화롭게 한다"고 말씀하고 있습니다. 그러므로 우리는 감사해야 합니다. 하나님의 성품과 구원에 감사해야 합니다. 십자가 은혜를 감사해야 합니다. 그리고 범사에 감사하는 것은 하나님의 뜻입니다.

나눔의 시간

1. 본문에서 가장 인상적인 말씀은 무엇입니까?

2. 왜 그 말씀이 가장 인상적이라고 생각합니까?

3. 한 주간 동안 실천해야 될 말씀은 무엇입니까?

함께 공유할 기도제목

개인	
가정	
교회	
직장	

● ● ●

제47과

그리스도의 마음

성경: 빌립보서 2:1~8

찬송: 455장 461장

"그는 근본 하나님의 본체시나 하나님과 동등됨을 취할 것으로 여기지 아니하시고
•오히려 자기를 비워 종의 형체를 가지사 사람들과 같이 되셨고 •사람의 모양으로
나타나사 자기를 낮추시고 죽기까지 복종하셨으니 곧 십자가의 죽으심이라"(6~8절).

감옥생활은 인생의 비참함과 참담함을 경험하는 장소입니다. 그런데 바울이
복음을 전하다가 감옥에 갇혔는데 빌립보교회 성도들에게 기뻐하라고 하였던
것입니다. 진정한 믿음은 상황과 환경을 뛰어넘는 것입니다. 우리의 신앙의 근
거는 예수님이기 때문입니다. 바울은 그리스도의 마음인 겸손을 가르쳐 주고
있습니다.

1. 마음을 같이할 때 하나가 됩니다.

바울은 로마 감옥에서 빌립보교회 성도들에게 겸손할 것을 가르쳐 줍니다.
고난과 환난 속에서도 그리스도의 영광을 위하여 하나가 되라는 것입니다. 그
하나 됨의 원리는 권면과 사랑의 위로와 성령의 교제와 긍휼과 자비입니다.
이 다섯 가지 원리는 우리를 하나로 묶어주는 역할을 해줍니다. 바울은 마음을
같이하라고 하였습니다. 마음을 같이하는 구체적인 방법이 있습니다. 첫째는
같은 사랑을 가지는 것입니다. 둘째는 뜻을 합하는 것입니다. 셋째는 한 마음을

품는 것입니다. 교회는 신앙이 엇박자로 나가서는 안 됩니다. 교회는 다양성 속에서 통일성을 이루어가야 합니다.

그러나 신앙이 엇박자가 되어서 통일성을 이루지 못하면 교회 안에 큰 혼란이 생기게 됩니다. 이질적인 그룹이 생기고, 사탄이 그 틈을 타고 끼어들어서 이간질과 분열을 일으키게 되는 것입니다. 따라서 교회는 마음을 같이하는 사랑의 공동체를 이루어가야 합니다. 사도행전 교회 공동체는 오순절에 성령을 받고 서로 하나가 되는 건강한 공동체를 이루어갔습니다. 따라서 우리가 마음을 같이할 때 하나가 될 수 있습니다.

2. 겸손할 때 마음을 같이하게 됩니다.

우리가 어떻게 마음을 같이할 수 있습니까? 그것은 그리스도 안에 거할 때 마음을 같이할 수 있습니다. 같은 사랑을 가지고 뜻을 합하고 마음을 같이 하는 것입니다. 사탄이 좋아하는 일은 육체의 일입니다. 서로 다투고 허영을 부리는 것은 육체에 속한 일이며 사탄이 좋아하는 것들입니다. 다툼과 허영은 빌립보 교회에 독소와 같은 존재였습니다. 이런 요소들은 성령의 교제를 단절시켜버리고, 성도들의 내적인 신앙을 파괴시켜 버립니다. 허영은 인간이 명예를 목표로 하는 세상적인 야망입니다.

그러므로 교회에서는 허영과 다툼이 용납되어서는 안 됩니다. 그러나 겸손은 자기를 낮추는 것입니다. 헬라인들은 겸손을 미덕으로 여기지 않고 힘을 미덕으로 여겼습니다. 그러나 진정한 힘은 외부로부터 오는 것이 아니라 겸손에서 나오는 것입니다. 예수님은 인류의 절반가량을 겸손을 통해서 변화시켜버렸습니다. 그리고 지금도 많은 영향력을 끼치고 있습니다. 이것이 겸손의 힘입니다. 바울은 오직 겸손한 마음으로 자기보다 남을 낫게 여기라고 하였습니다. 우리는 겸손할 때 마음을 같이할 수 있습니다.

3. 겸손할 때 십자가를 지게 됩니다.

바울은 빌립보교회 성도들에게 편지를 씁니다. "너희 안에 이 마음을 품으라 곧 그리스도 예수의 마음이니!" 예수님은 근본적으로 신성을 가지고 계신 하나님의 본체입니다. 그런데 인간의 몸을 입고 이 세상에 오신 것입니다. 높고 높은 하늘 영광의 자리를 포기하시고 이 세상에 내려오신 것입니다. 이 세상에서 이것보다 더 큰 겸손은 없을 것입니다. 예수님의 성육신은 겸손의 극치 중에 극치입니다. 예수님께서 인간의 눈높이로 오신 것입니다.

우리가 아이들과 대화를 하려면 눈높이를 맞춰야 하듯이 예수님은 그 눈높이를 맞추신 것입니다. 그리고 예수님은 십자가에서 죽기까지 낮아지셨습니다. 그리고 무덤까지 내려가셨습니다. 인류를 구원하시기 위하여 낮아지고 낮아지신 것입니다. 이것이 예수님의 십자가의 죽음입니다. 겸손이 없이는 십자가를 절대로 질 수 없습니다. 예수님은 우리의 죄를 위하여 십자가를 지셨습니다. 그래서 누구든지 그를 믿는 자는 구원을 받는 축복의 문을 열어주셨습니다. 십자가는 겸손이며 구원의 능력입니다. 겸손은 십자가 아래로 내려갈 때만 가능한 것입니다.

나눔의 시간

1. 본문에서 가장 인상적인 말씀은 무엇입니까?

....

....

....

....

2. 왜 그 말씀이 가장 인상적이라고 생각합니까?

....

....

....

....

3. 한 주간 동안 실천해야 될 말씀은 무엇입니까?

....

....

....

....

함께 공유할 기도제목

개인	
가정	
교회	
직장	

제48과
오병이어의 기적

성경: 마태복음 14:13~21

찬송: 435장   570장

"무리를 명하여 잔디 위에 앉히시고 떡 다섯 개와 물고기 두 마리를 가지사 하늘을 우러러 축사하시고 떡을 떼어 제자들에게 주시매 제자들이 무리에게 주니 • 다 배불리 먹고 남은 조각을 열두 바구니에 차게 거두었으며 • 먹은 사람은 여자와 어린 아이 외에 오천 명이나 되었더라"(19~21절).

세상에는 불가능한 일이 많이 있습니다. 그래서 사람들은 불가능한 일에 직면하면 낙심과 절망을 하고 포기해버립니다. 본문에는 불가능한 일을 가능하게 한 사건이 나옵니다. 바로 오병이어의 기적의 사건입니다. 인간의 힘으로는 도저히 불가능한 일을 하나님께서 가능하게 하신 것입니다. 그것은 감사의 기적입니다.

1. 조용한 빈들로 가십니다.

예수님께서 헤롯 안디바에 대한 이야기를 들으시고 배를 타고 빈들로 가십니다. 여기에서 빈들은 조용한 장소를 가리킵니다. 예수님은 종종 빈들에서 쉼과 기도의 시간을 갖기도 하셨습니다. 예수님께서 빈들로 가셨다는 소식을 들은 무리들이 걸어서 그곳까지 찾아갑니다. 그들은 육적이고, 영적인 목마름을 가지고 있었기 때문입니다. 그 시대의 사람들이 얼마나 갈급한 심령을 가지고

구역예배공과

있었는지를 보여 주고 있습니다. 인생은 빈들과 같은 광야를 통과하며 삽니다.

광야는 힘들고 고달픈 곳이기도 하지만 거기에는 주님의 은혜가 있고 기적이
있는 곳입니다. 출애굽한 이스라엘 백성들은 광야에서 하나님의 은혜와 기적을
생생하게 체험하였습니다. 광야는 은혜의 장소요! 기적의 장소요! 축복의 장소
입니다. 광야는 인생 최대의 스승입니다. 그 이유는 광야를 통해서 우리를 다듬
으시고 교훈하시기 때문입니다. 모난 돌과 같은 인생을 깎고 다듬어서 반들반
들한 조약돌 같은 인생을 만드십니다. 그리고 광야를 지나면 은혜의 오아시스
가 기다리고 있고 해갈의 은총을 베풀어주십니다.

2. 제자들의 믿음을 시험하십니다.

예수님께서 큰 무리를 보시고 불쌍히 여기셨습니다. 불쌍히 여기는 마음은
심장이 움직이는 감정을 말합니다. 예수님은 그런 마음의 아픔을 느끼셨습니
다. 우리는 영적으로 죽어가는 영혼들을 바라보면서 심장이 움직이는 마음의
아픔을 느낄 수 있어야 합니다. 예수님은 불쌍히 여기는 마음을 가지고 병자들
을 고쳐주셨습니다. 저녁식사 시간이 되었을 때, 제자들이 예수님께 제안을 드
립니다. "예수님! 이곳은 빈들입니다! 때도 저물었으니 무리를 보내어 마을에
들어가 먹을 것을 사먹게 하는 것이 어떻습니까?" 그때 예수님께서 제자들에게
말씀하십니다. "갈 것 없다 너희가 먹을 것을 주라!" 그때 제자들은 아주 당황한
심정이었습니다.

제자들은 그 큰 무리를 먹이는 것이 불가능할 뿐만 아니라 200데나리온으로
도 예산이 부족하다고 생각했기 때문입니다. 예수님께서 제자들의 믿음을 시험

해 보신 것입니다. 우리는 우리가 보고 배우고 경험한 한계 밖에 알지 못합니다. 우리는 하늘의 경험이 부족하고 이 땅에서 살아본 경험만을 가지고 살기 때문에 하늘의 세계를 잘 이해하지 못합니다. 주님은 때때로 우리의 믿음을 시험하십니다.

3. 무리들에게 기적을 베푸십니다.

제자들이 예수님께 말씀드립니다. "우리가 가지고 있는 것은 떡 다섯 개와 물고기 두 마리뿐입니다!" 이것은 어린아이가 한 끼 먹을 식사 분량 밖에 되지 않습니다. 어린아이가 가지고 온 떡은 밀기울이 섞여 있는 당시에 가난하고 비천한 계층의 사람들이 먹던 양식이었습니다. 제자들은 그것을 하찮게 여기는 마음을 가지고 온 것입니다. 그런데 예수님은 그것을 기적의 재료로 삼으십니다. 예수님은 무리를 명하여 잔디 위에 앉게 하십니다. 그리고 하늘을 우러러보시면서 축사를 하십니다. "축사"는 헬라어에 '율로게오'인데 '축복(blessing)'의 의미가 들어 있습니다.

예수님께서 감사를 드린 것입니다. 그리고 떡을 떼어서 제자들에게 주십니다. 제자들은 무리들에게 떼어줍니다. 그랬더니 무리들이 배불리 먹고 남은 조각을 열두 바구니에 가득 차게 거두었습니다. 여자와 어린아이 외에 오천 명이 배불리 먹은 기적이 일어난 것입니다. 그것은 감사를 통한 기적이었습니다. 기적을 위해서는 기적의 재료가 필요하며 순종의 자세가 필요합니다. 기적은 주님의 몫이요, 순종은 인간의 몫입니다. 순종이 없는 기적은 없습니다. 주님은 불가능을 가능하게 하십니다. 그리고 감사는 기적을 불러일으킵니다.

나눔의 시간

1. 본문에서 가장 인상적인 말씀은 무엇입니까?

2. 왜 그 말씀이 가장 인상적이라고 생각합니까?

3. 한 주간 동안 실천해야 될 말씀은 무엇입니까?

함께 공유할 기도제목

개인	
가정	
교회	
직장	

12월

결산하는 신앙생활

- 열 처녀의 비유
- 종말과 성도의 자세
- 큰 기쁨의 좋은 소식
- 세상의 소금과 빛

제49과

열 처녀의 비유

성경: 마태복음 25:1~13

찬송: 180장 175장

"그때에 천국은 마치 등을 들고 신랑을 맞으러 나간 열 처녀와 같다 하리니… • 그런즉 깨어 있으라 너희는 그날과 그때를 알지 못하느니라"(1,13절).

마태복음 25장에는 세 가지의 비유가 나옵니다. 양과 염소의 비유, 달란트의 비유, 열 처녀의 비유입니다. 양과 염소의 비유는 예수님의 재림을 준비하는 방법에 대하여, 달란트 비유는 예수님의 재림을 앞둔 성도들의 충성된 삶에 대하여, 열 처녀의 비유는 재림의 준비성에 대해서 각각 교훈해주고 있습니다. 그렇다면 종말의 때에 우리 그리스도인들이 어떤 자세로 재림을 준비해야 할까요?

1. 등과 기름을 준비해야 합니다.

본문에 나오는 "그때에"라는 말은 예수님의 '재림의 때'를 의미합니다. 예수님의 재림의 때에 천국은 마치 등을 들고 신랑을 맞으러 나간 열 처녀와 같다고 하였습니다. 예수님은 이스라엘의 결혼 풍습을 비유하여 재림을 설명하고 있습니다. 열 처녀가 나오는 것은 합동결혼식을 의미하지 않습니다. 그렇다고 일부다처제로 인한 결혼식을 의미하는 것도 아닙니다. 열 처녀는 신랑을 맞이하기 위한 들러리들입니다. 그중의 다섯 명은 어리석은 처녀들이며, 다섯 명은 지혜로운 처녀들입니다. 지혜로운 처녀들은 등과 기름을 동시에 준비를 하였습니다.

여기서 등은 횃불을 의미합니다. 솜뭉치에 감람유를 잔뜩 묻혀서 불을 밝히기 때문에 쉽게 꺼지지 않습니다. 그런데 어리석은 처녀들은 당장 사용할 횃불만 준비를 한 것입니다. 그러나 지혜로운 처녀들은 횃불이 꺼질 것을 대비하여 여분의 기름까지 준비를 하였던 것입니다. 이스라엘의 결혼풍습은 밤에 이루어지기 때문입니다. 그렇다면 등과 기름은 각각 무엇을 의미할까요? 등은 우리 성도의 외형적인 신앙생활을 의미합니다. 그러나 기름은 영적인 불이 꺼지지 않고 계속 타오르게 만드는 성령을 의미합니다. 우리의 신앙생활에는 반드시 내적으로 타오르는 성령의 불이 있어야 합니다.

바울은 "오직 성령으로 충만함을 받으라"고 명령하고 있습니다. 기름을 준비하지 못한 것은 겉모양은 있으나 성령의 역사가 없이 신앙생활하는 것을 의미합니다. 우리의 신앙생활은 경건의 모양이 아니라 경건의 능력이 중요합니다. 그러므로 우리 성도는 성령의 역사를 통한 경건의 능력을 가지고 살아야 합니다.

2. 지혜로운 자들이 되어야 합니다.

어리석은 처녀들은 당장 필요한 등만 준비를 하였습니다. 그러나 지혜로운 처녀들은 등과 기름을 동시에 준비하였습니다. 그런데 신랑이 예상보다 늦게 도착을 하자 밤중에 처녀들이 졸게 되었습니다. 재림을 맞는 우리 성도는 영적인 잠을 자서는 안 됩니다. 5절에 보면 신랑이 더디 오므로 잠을 자고 있었다고 했습니다.

손양원 목사님은 여수 애양원에서 나병환자들을 목양하시면서 사랑과 헌신의 본을 보여 주셨습니다. 그분은 일제시대에 옥고를 치르시고, 6·25때 공산당원들에게 총에 맞아 순교를 당하였습니다. 그분은 정말 영적으로 깨어 있는 분이었습니다.

오늘 본문은 "그러므로 영적으로 졸지 말고 깨어 있으라"(13절)고 말씀하고 있습니다. 종말의 때를 살아가는 우리 성도는 등도 준비를 해야 하지만 기름도 준비를 해야만 합니다. 성령 충만한 삶을 살아야 한다는 것입니다. 한밤중에 처녀들이 졸며 잠을 잘 때 마침내 신랑이 도착하였습니다. 신랑이 오고 있다는 소식에 사람들이 밖에서 웅성거립니다. 그래서 열 명의 처녀들이 앞 다투어 신랑을 맞으러 나갑니다. 그런데 어리석은 처녀들은 기름이 떨어진 것을 알고 지혜로운 처녀들에게 기름을 좀 달라고 부탁하였습니다. 그러자 지혜로운 처녀들이 정중하게 거절을 합니다. 함께 나누어 쓰기에는 둘 다 부족하다는 것입니다. 그래서 어리석은 처녀들이 기름을 사러간 사이에 신랑이 온 것입니다. 그리고 마침내 혼인잔치 집의 문이 닫혀버린 것입니다.

신앙은 각자의 몫입니다. 구원은 서로 나눠 가질 수 없습니다. 아내의 신앙이 좋다고 남편이 자동적으로 구원받는 것이 아닙니다. 부모가 성령 충만하다고 자녀가 자동적으로 성령 충만해지는 것이 아닙니다. 신앙은 각자의 몫이기 때문입니다. 그리고 마지막 심판 때는 각자가 하나님 앞에 서게 되는 것입니다. 그러므로 신앙은 항상 현재적이어야 합니다. 그리고 깨어 있는 신앙을 가지고 등과 기름을 준비하듯이 잘 대비하는 지혜로운 자들이 되어야 합니다.

나눔의 시간

1. 본문에서 가장 인상적인 말씀은 무엇입니까?

2. 왜 그 말씀이 가장 인상적이라고 생각합니까?

3. 한 주간 동안 실천해야 될 말씀은 무엇입니까?

함께 공유할 기도제목

개인	
가정	
교회	
직장	

제50과

종말과 성도의 자세

성경: 로마서 11:25~27

찬송: 179장 180장

"형제들아 너희가 스스로 지혜 있다 하면서 이 신비를 너희가 모르기를 내가 원하지 아니하노니 이 신비는 이방인의 수가 들어오기까지 이스라엘의 더러는 우둔하게 된 것이라"(25절).

과연 세상 끝은 있는 것인가? 만약에 세상 끝이 있다면 언제 오는가? 세상 끝에는 어떤 일들이 벌어지는가? 그러면 우리는 어떻게 살아야 하는가? 이런 질문들에 대해 사람들은 궁금해 합니다. 성경은 세상의 끝이 있다고 증거하고 있습니다(마 24:14). 그렇다면 세상 끝에는 어떤 일들이 일어날까요? 성경은 많은 징조들과 큰 환난이 있을 것이라고 가르쳐 주고 있습니다. 그러나 세상 끝이 오기 위해서는 다음과 같은 세 가지 요건이 충족되어야 합니다.

■ 세상 끝이 오기 위한 충족 요건은 무엇입니까?

1. 순교자의 수가 차야 합니다(계 6:11).

복음을 전하다 많은 순교하는 순교자가 나온다는 것입니다. 지금까지 기독교 역사상 수많은 그리스도인들이 복음을 전하다가 순교를 당하였습니다. 구약 시대에는 의로운 선지자들이 악한 통치자들에 의해서 순교를 당했습니다. 신약 시대에도 스데반, 예수님의 제자들, 무명의 초대교회 성도들, 서머나교회 감독

구역예배공과

229

이었던 폴리캅… 등이 신앙의 정절을 지키며 복음을 전하다가 순교를 당했습니다. 일제시대 때 옥중에서 일사각오 정신으로 신앙의 정절을 지키신 주기철 목사님이나 공산당원에 의해서 목숨을 잃으신 손양원 목사님도 순교를 당했습니다. 하나님은 순교자들의 수가 차기까지 기다리시며, 그때 세상 끝이 오게 될 것입니다.

2. 십사만 사천 명의 수가 차야 합니다(계 14:1).

십사만 사천 명은 주님이 재림하실 때까지 예수 그리스도를 믿고 구원 받은 성도들의 상징적인 숫자를 의미합니다. 구원받은 수가 차야 세상 끝이 온다는 것입니다. 그때까지 우리 그리스도인이 무엇을 해야 할까요? 성령 받고 열심히 전도해야 합니다. 하나님은 구원 받은 숫자를 세고 계십니다. 그리고 구원 받은 수가 찰 때 세상 끝이 오게 될 것입니다.

3. 이방인의 수가 차야 합니다(롬 11:25~26).

하나님께서 유대인들을 선민으로 선택하셨습니다. 그런데 유대인들이 예수님을 거부함으로 복음이 이방인에게로 넘어가버렸습니다. 그런데 이방인들이 예수님을 메시아로 받아들이고 구원받는 것을 보면서 유대인들의 마음에 시기가 일어나서 마침내는 그들이 하나님께로 돌아온다는 것입니다. 그래서 결국 인류의 구원역사는 전 인류에게 임하게 되고 구원역사의 대단원의 막을 내리게 된다는 것입니다. 바울은 그것을 가리켜서 신비라고 하였습니다. 그 신비의 과정을 통해 온 인류가 구원을 받게 된다는 것입니다. 그 구원의 역사는 전적인 하나님의 은혜로 이루어지는 것입니다.

■ 그렇다면 종말을 살아가는 우리 성도는 어떻게 살아야 될까요?

1. 성령 충만함을 입고 살아야 합니다(엡 5:18).

바울은 "오직 성령의 충만을 받으라"고 하였습니다. 사도행전 교회 성도들은 오순절 날 성령 받고 성령으로 충만하였습니다. 그리고 성령의 사람이 되어서 성령님의 인도하심을 따라 살았습니다. 그래서 기도와 가르침괴 성도의 교제와 구제, 그리고 전도하는 생활이 이루어졌던 것입니다. 그러므로 우리는 성령의 충만함을 받고 살아야 합니다.

2. 복음 전하는 삶을 살아야 합니다(막 16:15~18).

성령을 받고 온 천하 만민에게 복음을 전해야 합니다. 믿고 세례를 받은 사람은 구원의 역사가 일어난다고 하였습니다. 복음을 전할 때 권세를 주시며, 복음을 전할 때 표적이 일어날 것입니다. 그러므로 우리는 가서 복음을 전해야 합니다. 그리고 복음이 세상 끝까지 전파되고 나면 그제야 세상 끝이 오게 될 것입니다. 그때 성경의 모든 예언이 종결될 것이며, 세상의 모든 역사도 끝이 나게 될 것입니다. 그러므로 우리는 세상을 사랑하지 말고 소망되신 그 주님을 붙잡고 복음을 전파하며 살아야 합니다.

나눔의 시간

1. 본문에서 가장 인상적인 말씀은 무엇입니까?

_____

_____

_____

_____

2. 왜 그 말씀이 가장 인상적이라고 생각합니까?

_____

_____

_____

_____

3. 한 주간 동안 실천해야 될 말씀은 무엇입니까?

_____

_____

_____

_____

<u>함께 공유할 기도제목</u>

개인	
가정	
교회	
직장	

● ● ●

제51과

큰 기쁨의 좋은 소식

성경: 누가복음 2:8~14

찬송: 122장   126장

"오늘 다윗의 동네에 너희를 위하여 구주가 나셨으니 곧 그리스도 주시니라… • 홀연히 수많은 천군이 그 천사들과 함께 하나님을 찬송하여 이르되 • 지극히 높은 곳에서는 하나님께 영광이요 땅에서는 하나님이 기뻐하신 사람들 중에 평화로다 하니라"(11,13~14절).

예수님이 태어나실 때의 배경은 로마제국이 전 세계를 재패하고 있었습니다. 그리고 로마의 가이사 황제가 이스라엘 백성들에게 호적명령을 내린 때였습니다. 그래서 요셉도 정혼한 마리아와 함께 다윗의 고향인 베들레헴으로 올라갔습니다. 그런데 투숙할 여관이 없어서 마구간에서 해산을 하게 된 것입니다. 그리고 아기 예수님을 구유에 누이셨던 것입니다. 우리의 가장 큰 기쁨의 좋은 소식은 무엇입니까?

1. 베들레헴 작은 동네에서 태어나십니다.

성경에는 여러 종류의 나무들이 나옵니다. 첫째는 에덴동산의 생명의 나무입니다. 에덴동산에는 생명의 나무가 있었습니다. 아담과 하와는 그 생명 나무의 열매를 먹고 영생을 누리게 되었습니다. 둘째는 요한계시록에 나오는 생명 나무입니다. 천국에는 생명 나무가 있습니다. 셋째는 예수님께서 갈릴리 바다에

구역예배공과

서 타신 나무로 만든 배입니다. 예수님은 그 나무 배를 타시고 생명의 말씀을 전하셨습니다. 넷째는 예수님께서 인류를 구원하시기 위하여 지신 십자가 나무입니다. 예수님은 온 인류를 구원하시기 위하여 나무 십자가를 지셨습니다. 그 십자가는 생명의 십자가입니다.

다섯째는 예수님께서 태어나신 통나무로 만든 구유입니다. 그것은 짐승들이 여물을 먹는 여물통이었습니다. 그 여물통은 예수님이 누우신 축복의 도구로 쓰임을 받았습니다. 만약에 여관 주인이 자기 마구간에서 구세주가 탄생하신다는 사실을 알았더라면 안방을 내어드렸을 것입니다. 그러나 구세주를 맞이해주는 여관주인은 없었습니다. 예수님은 베들레헴의 아주 작은 동네에서 태어나셨습니다.

2. 목자들이 예수님의 탄생 소식을 듣습니다.

예수님은 베들레헴 에브라다에서 태어나십니다. 에브라다는 베들레헴의 고대 명칭입니다. 베들레헴은 '떡집'이라는 뜻입니다. 에브라다는 '풍성한 열매'라는 뜻입니다. 그래서 베들레헴과 에브라다는 같은 지명을 결합해서 사용을 한 것입니다. 그러니까 베들레헴 에브라다는 축복의 장소입니다. 베들레헴은 인구가 그리 많지 않은 아주 작은 촌락입니다. 그래서 어떤 정치적인 후광을 입을 수 있는 장소가 아닌 아주 소박한 동네입니다. 거기에서 하나님의 절대주권에 의해 세워지는 한 통치자가 태어난다는 것입니다.

예수님은 영원 전부터 계신 전능하신 하나님입니다. 예수님은 미가 선지자가 예언한 것처럼 아주 작은 동네에서 태어나셨습니다. 그런데 주의 천사가 아기 예수님의 탄생소식을 제일 먼저 목자들에게 전해준 것입니다. 목자의 직업은 그때 당시에 천대받는 직업이었습니다. 그런데 천사가 그들에게 제일 먼저 소식을 전해준 것은 앞으로 복음이 사회적으로 멸시받고 천대받는 자들을 중심으로 전해질 것을 암시해주고 있습니다. 복음은 겸손하게 마음의 안방을 내어드리는 자에게 임하는 것입니다.

3. 큰 기쁨의 좋은 소식을 전해줍니다.

천사가 들에서 양떼를 지키던 목자들에게 "무서워하지 말라"고 하였습니다. 그리고 "온 백성에게 미칠 큰 기쁨의 좋은 소식"을 너희에게 전한다고 했습니다. 앞으로 복음이 전 세계에 전파될 것이라는 것입니다. 이 세상에서 가장 큰 뉴스거리! 가장 충격적인 소식이 무엇일까요? 그것은 바로 구세주의 탄생소식입니다. 천사가 목자들에게 전해준 소식은 큰 기쁨의 좋은 소식(Good News)이었습니다. 천사가 목자들에게 구세주 탄생소식을 전해줄 때에 놀라운 광경이 펼쳐졌습니다. 갑자기 수많은 하늘의 군대와 천사들이 나타났습니다. 그리고 하나님께 영광을 돌리는 합창을 부릅니다.

그 천군천사의 합창소리는 우렁차고 이 세상에서 부르는 노래 중에 가장 아름다운 노래였을 것입니다. 갑자기 천군천사들의 합창소리가 들려옵니다. "지극히 높은 곳에서는 하나님께 영광이요! 땅에서는 하나님이 기뻐하신 사람들 중에 평화로다!" 하늘의 군대는 하나님의 영광을 선포하고 평화의 노래를 부릅니다. 우리에게 가장 큰 기쁨의 좋은 소식은 구세주의 탄생 소식입니다.

나눔의 시간

1. 본문에서 가장 인상적인 말씀은 무엇입니까?

....

....

....

....

2. 왜 그 말씀이 가장 인상적이라고 생각합니까?

....

....

....

....

3. 한 주간 동안 실천해야 될 말씀은 무엇입니까?

....

....

....

....

함께 공유할 기도제목

개인	
가정	
교회	
직장	

제52과

세상의 소금과 빛

성경: 마태복음 5:13~16

찬송: 428장 220장

"너희는 세상의 소금이니… • 너희는 세상의 빛이라… • 이같이 너희 빛이 사람 앞
에 비치게 하여 그들로 너희 착한 행실을 보고 하늘에 계신 너희 아버지께 영광을
돌리게 하라"(13~14,16절).

갈릴리 바다 상류 쪽에는 완만한 산들이 펼쳐져 있습니다. 마태복음 5장은
예수님께서 갈릴리 바다 상류 쪽에 위치한 산상에서 가르치셨던 산상수훈이
나옵니다. 오늘 본문에는 산상수훈 가운데서도 소금과 빛에 관한 교훈을 해주
고 있습니다.

1. 우리는 세상의 소금입니다.

예수님은 그리스도인을 가리켜서 '세상의 소금'이라고 말씀하셨습니다. 소금
은 어떤 역할을 합니까?

첫째, 소금은 맛을 내는 역할을 합니다. 아무리 유명한 음식점이라도 소금이
들어가지 않으면 맛이 없습니다. 아무리 맛있는 음식도 소금이 들어가야 제
맛이 나는 법입니다. 이렇듯 소금은 맛을 내주는 역할을 해줍니다.

둘째, 소금은 부패를 방지해주는 역할을 합니다. 소금은 썩지 않도록 방부제

역할을 해줍니다. 약 2퍼센트의 소금물이 넓은 바닷물을 깨끗하게 정화시켜준다고 합니다. 소금은 이렇게 부패를 방지시켜주는 역할을 합니다.

셋째, 소금은 성결하게 해주는 역할을 합니다. 구약시대에 하나님께 제사를 드리는 향 재료를 만들 때 소금을 뿌리기도 하였습니다. "그것에 소금을 쳐서 성결하게 하고"(출 30:35). "네 소제물에 소금을 치라"(레 2:13)고 하였습니다. 이렇듯 소금은 성결하게 해주는 역할을 합니다.

넷째, 소금은 생명을 유지시켜주는 양분 역할을 합니다. 소금은 이렇게 다양하게 사용될 뿐만 아니라 중요한 역할을 합니다. 예수님은 소금의 중요성을 잘 알고 계십니다. 그래서 예수님은 우리 그리스도인들을 향해 "너희는 세상의 소금이라"고 말씀하셨습니다. 소금은 짠맛을 내야 합니다. 그렇지 않으면 버려지게 되고 사람들에게 밟히게 됩니다.

2. 우리는 세상의 빛입니다.

태초에 하나님은 빛을 창조하셨습니다. 또한 예수님은 세상에 빛으로 오셨습니다. 예수님은 우리를 가리켜서 세상의 빛이라고 하셨습니다. 빛은 비추어야 제 사명을 다하는 것입니다. 빛이 오면 어둠은 물러가게 됩니다. 빛은 어두운 곳에 비추어야 합니다. 아무리 빛이 있어도 비춰지지 않으면 아무런 의미가 없습니다. 그리스도인의 빛된 삶은 착한 행실입니다. 예수 믿는 사람들의 아름다운 행실이 세상에 비칠 때 그 결과는 하나님께 영광을 돌리게 됩니다. 그러므로 우리 그리스도인들은 하나님께 영광을 돌리는 삶을 살아야 합니다. 사도 바울은 "그런즉 너희가 먹든지 마시든지 무엇을 하든지 다 하나님의 영광을 위하여 하라"고 하였습니다. 모든 삶의 초점이 하나님의 영광을 위한 삶이 되어야 합니다.

◎ 세상을 변화시키기 위해서 어떻게 해야 합니까?

첫째는, 가정 속으로 들어가야 합니다. 둘째는, 교회 안으로 들어가야 합니다. 셋째는, 교육계 속으로 들어가야 합니다. 넷째는, 정부와 정치계 속으로 들어가야 합니다. 다섯째는, 언론계 속으로 들어가야 합니다. 여섯째는, 예술계와 연예계 속으로 들어가야 합니다. 일곱째는, 사업계와 과학계와 기술계 속으로 들어가야 합니다. 그 분야들 속에 들어가서 세상을 변화시키며 하나님나라를 건설해 나가야 합니다.

◎ 무엇으로 세상을 변화시킬 수가 있을까요?

첫째는, 복음으로 세상을 변화시킬 수 있습니다. 왜냐하면 복음은 능력이 되기 때문입니다(롬 1:16). 둘째는, 성령의 능력으로 세상을 변화시킬 수 있습니다. 성령의 능력은 세상을 변화시킬 능력이 있기 때문입니다.

예수님은 우리를 가리켜서 세상의 소금과 빛이라고 하였습니다. 세상의 소금처럼 짠맛을 내고, 빛처럼 빛을 비추라는 것입니다. 만약에 우리가 소금과 빛의 사명을 잃어버렸다면 다시 회복해야 합니다.

나눔의 시간

1. 본문에서 가장 인상적인 말씀은 무엇입니까?

....
....
....
....

2. 왜 그 말씀이 가장 인상적이라고 생각합니까?

....
....
....
....

3. 한 주간 동안 실천해야 될 말씀은 무엇입니까?

....
....
....
....

함께 공유할 기도제목

개인	
가정	
교회	
직장	